SARAH WIENER

SARAHS KLEINE KÜCHE

Das Kochbuch für ein bis zwei, die gerne essen

SARAHS KLEINE KÜCHE

INHALT

LIEBE LESERINNEN,

schon wieder ein stressiger Tag, viel um die Ohren, lange unterwegs und dann: aufatmen, endlich zu Hause! Das Gefühl kennen die meisten von uns. Genau wie das sicher kurz darauffolgende: Hunger! Und auch den nächsten Gedanken: Jetzt muss ich auch noch kochen ...

Ich will dann einfach schnell etwas essen. Ohne großes Tamtam, zig Töpfe oder tausend Zutaten. Aber gut. Und gesund. Und frisch. Auch oder gerade als Köchin mag ich Schlichtes, das schnell auf dem Tisch steht. Keine fancy Küche wie im Szenelokal oder wie Tagesgerichte vom wöchentlichen Speiseplan. Sondern etwas Gutes, Ehrliches, mit wenig Aufwand, dafür aber mit Liebe gekocht.

Ein bisschen was hermachen darf's auch mal, ohne dass man sich dafür allzu sehr verrenken muss. All diese Wünsche nach Gerichten, die sich einfach aus dem zubereiten lassen, was in einer kleinen Küche gerade so greifbar ist, kenne ich von Freundinnen. Meist außerordentlich erfolgreiche Frauen, die mitten im Leben ihre Frau stehen und denen häufig einfach die Zeit und die Erfahrung zum Kochen, zum langen Einkaufen und Vorbereiten fehlen. Inzwischen sind vielleicht auch die Kinder aus dem Haus, es ist mehr Zeit da und sie stellen sich plötzlich die Frage: »Was esse ich denn jetzt?«

Ihre besonderen Bedürfnisse kenne ich selbst nur allzu gut und hatte sie deshalb bei diesem Kochbuch im Hinterkopf. Und so ist es ein sehr persönliches Buch geworden: Lieblingsrezepte aus meiner Küche als Hommage an meine Freundinnen und alle, die sich fragen, was sie jetzt mal eben schnell kochen können – ein kleines Kochbuch unter Freundinnen eben.

Kochen zum Angeben? Nö – AM ENDE muss es halt schmecken!

Ich mache meinen Job nun wirklich schon lange genug. Ständige Veränderungen, neue Herausforderungen und viele Reisen sorgen zwar dafür, dass es nie langweilig wird, aber auch, dass die Zeit zu Hause immer knapp bleibt. Deshalb muss Kochen bei mir einfach sein, bloß kein Zusatzstress. Ich weiß inzwischen zum Glück genau, was ich mag und was nicht und wie ich möglichst schnell etwas auf den Teller bekomme: Ich suche mir ein paar wenige, dafür möglichst gute Zutaten und (er-)finde dann beim Kochen das passende, möglichst simple Rezept dazu – so einfach geht das. Ein kleines, feines Extra, eine besondere Würze, was zum Drüberstreuen, für die Optik und den Zusatzkick, geht dann immer noch – nur für mich oder wenn ich andere überraschen oder ausnahmsweise mal ein kleines bisschen angeben will.

Mein Garten ist für mich eine erste und wichtige Inspirationsquelle. Dort finde ich fast rund ums Jahr Gemüse, Obst und Kräuter, die ganz selbstverständlich die breite Grundlage meiner frischen, gesunden Küche bilden. Wer hier weniger Glück hat, sollte seine Zutaten bewusst saisonal und, wenn möglich, regional wählen. Vielleicht besteht ja die Möglichkeit zu einem Gang über einen örtlichen Wochenmarkt oder zum Ordern einer saisonal ausgerichteten Bio-Kiste. Beim Einkauf im Supermarkt hilft vorab ein aufmerksamer Blick auf den Saisonkalender und danach im Geschäft auf die Herkunftsetiketten. Das Gute: Viele Rezepte lassen sich problemlos auch mit einem alternativen, der Saison entsprechenden Gemüse zubereiten.

Frisches Gemüse satt ist also die Basis meiner Küche. Vegetarisch finde ich köstlich, ab und zu etwas Fleisch und Fisch aber auch. Wer Milch trinkt und Käse isst, hat eben auch ab und an ein wenig Fleisch auf dem Teller. Dann aber unbedingt aus wesensgemäßer Haltung bzw. Zucht und möglichst in Bio-Qualität.

So genau, wie ich bei der Wahl der Qualität meiner Zutaten hinschaue, so lässig nehme ich es später in meiner Küche. Ich koche eher »aus dem Handgelenk«, nehme mal hiervon etwas mehr oder ersetze dadurch etwas anderes, so wie es mir gerade in die Finger kommt. Natürlich fällt mir das dank meiner langen Erfahrung leichter als anderen.

Dennoch möchte ich alle ermutigen, das Kochen etwas lässiger zu nehmen, wo immer es eben passt: Gemüse muss nicht zwanghaft grammgenau abgewogen werden, ein paar Linsen mehr, wenn noch ein Rest in der Packung ist, ruinieren meist kein Gericht und anstelle von Koriandergrün kann durchaus auch einmal Petersilie ihren Reiz haben. Dazu gebe ich in und bei den Rezepten viele Tipps, die helfen sollen, etwas lockerer, großzügiger und damit auch entspannter zu kochen. Am Ende gibt es nur ein Richtig oder Falsch und das ist der eigene Gaumen.

Kochen streng nach Rezept, genau Abwiegen und Messen? **MUSS NICHT SEIN** – lieber mal ein bisschen mutig sein!

Für noch etwas mutigere Köchinnen, die gerne ihren Geschmackshorizont und entsprechend ihr Gewürz- und Zutatenregal erweitern wollen, ist der »Mutige Tipp« gedacht. Natürlich schmecken alle Gerichte einfach nur nach Rezept gekocht wunderbar und die Zutaten dafür sind alle so gewählt, dass sie garantiert in so gut wie jeder Küche vorhanden sind. Wer aber Abwechslung sucht, für den finden sich im »Mutigen Tipp« auch mal etwas außergewöhnlichere Gewürze und Zutaten, wie z. B. Ajowan (Königskümmel), Piment d'Espelette, Gomasio oder eingelegte schwarze Walnüsse. Die bringen noch den kleinen Tick mehr Geschmack, mehr Spannung oder sorgen für ein extravaganteres Tüpfelchen auf dem berühmten i.

All das kann, darf, muss aber nicht sein und sollte vor allem einfach Lust machen, zu experimentieren und am Herd ein wenig mehr zu wagen. Ruhig auch ganz individuell nach persönlichem Geschmack und Vorliebe – genau wie ich das auch immer mache. Nur wer probiert, erweitert auch seinen Horizont.

MEIN BASIS-VORRATSSCHRANK

1 HÜLSENFRÜCHTE

Linsen, Kichererbsen oder Bohnen sind für mich notfalls auch gegart, aus dem Glas in Ordnung (Dosen halte ich dagegen für weniger empfehlenswert) – wenn's mal schnell gehen muss. Selber Kochen braucht Zeit, dafür sind getrocknete Hülsenfrüchte preiswerter und lassen sich einmal gegart einfrieren. Bis auf rote und gelbe Linse sollten alle Hülsenfrüchte am besten über Nacht in reichlich Wasser quellen. Das Wasser am nächsten Tag weggießen, die Hülsenfrüchte in einem Sieb abbrausen und je nach Packungsanweisung in Wasser garen. Erst kurz vor Ende der Garzeit salzen, sonst verlängert sich der Garprozess.

2 NÜSSE

Nüsse sind nicht nur zum Knabbern oder Backen ideal: grob gehackt toppen Wal- oder Haselnüsse und Mandeln zusätzlich viele Gerichte – vor allem, wenn sie kurz angeröstet werden. Feiner gemahlen dicken sie Saucen, Cremes und Dips an und liefern darüber hinaus wertvolle Fette.

3 SAATEN

Klein, aber oho: Genau wie Nüsse sind Sonnenblumen- oder Kürbiskerne, Sesamsamen, Pistazien- oder Pinienkerne kleine, aber richtig gesunde Powerpakete. Wichtig: Saaten sollten genau wie Nüsse nie zu lange und möglichst lichtgeschützt und kühl aufbewahrt werden, da sie ansonsten schnell ranzig werden.

4 SALZ

Ich verwende naturbelassenes Salz. Es beinhaltet – egal ob Meer- oder Steinsalz – ungereinigt noch alle Mineralien, die raffiniertem, also gereinigtem Kochsalz entzogen werden. Diesem meist als »Speisesalz« angebotenen Produkt aus dem Supermarkt werden bestimmte Stoffe wie Jod, Fluor oder sogenannte Rieselhilfen zugesetzt.

5 PFEFFER

Kommt bei mir immer nur frisch aus der Mühle. Nur so entfaltet er – egal ob weiß oder schwarz – zeitgenau sein Aroma, das bei fertig gemahlenem Pfeffer bereits lange verduftet ist.

6 KARTOFFELN

Welche Kartoffel für Salat, welche für Suppe oder Püree? Lassen Sie sich von der Einteilung in fest-, vorwiegend fest oder mehligkochend nicht verwirren: Ich gebe nicht so viel auf die gewohnten Ratschläge, für bestimmte Gerichte nur bestimmte Kartoffelsorten zu nehmen. Was im Haus ist, wird verkocht und einfach dem Rezept angepasst!

7 OLIVEN

Ein Glas Oliven im Schrank ist ein Muss in meiner Küche, nicht zuletzt als erstes, kleines Appetithäppchen für Gäste. Aber auch zum Würzen sind sie stets willkommen. Je nach Gericht passen mildere und leicht grasig, säuerlich schmeckende grüne oder intensiv herbe schwarze. Es lohnt sich, unterschiedliche Sorten aus verschiedenen Ländern zu probieren und zu vergleichen.

8 ÖLE

Zum Braten braucht man mindestens ein hoch erhitzbares Öl. Neben Brat-Olivenöl verwende ich meist Raps-, Sonnenblumen- oder Erdnussöl. Für Salate, Rohkost, mariniertes Gemüse und alles, bei dem Öl unerhitzt verfeinert, darf es kalt gepresstes, natives Öl sein. Neben dem Allrounder aus Oliven liefern Kürbis-, Walnuss-, Haselnuss- oder geröstetes Sesamöl spannende nussige Noten, genau wie marokkanisches Arganöl, das ich gerne für Süßspeisen nehme.

9 MEHL

Je voller, je toller: Vollkornmehl oder Mehle mit hohen Typenzahlen enthalten weit mehr gesunde Inhaltsstoffe des Korns als stärker ausgemahlene mit niedriger Typenkennzeichnung. Da Vollkornmehl allerdings wesentlich kürzer haltbar ist, sollte es immer trocken, kühl, lichtgeschützt und gut verschlossen aufbewahrt werden.

10 NUDELN

Neben Produkten aus Hartweizengrieß für italienische Pasta liebe ich asiatische Nudeln; denn feine Glas- oder Reisnudeln, japanische Soba- oder chinesische Mie-Nudeln garen ruckzuck und sind daher ideal für meine kleine, schnelle Küche.

MEIN KLEINER, FEINER VORRATSSCHRANK

Was **NIE AUSGEHEN** darf

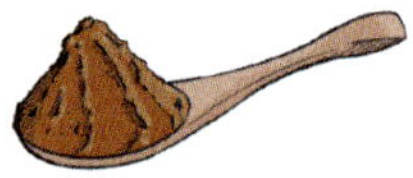

PARMESAN

Ein Stückerl gut gereifter Parmesan liegt immer in meinem Kühlschrank: einfach in ein Leinen- oder Baumwolltuch geschlagen oder in einem Glas mit Salz hält es sich monatelang! Die Rinde nutze ich gerne – wie viele andere Köche – um einer Brühe oder Sauce mehr (Umami-)Geschmack zu verleihen: einfach ein Stückchen mitkochen!

KREUZKÜMMEL

In der orientalischen und indischen Küche hat Kreuzkümmel, auch Cumin genannt, seinen festen Platz. Sein intensives leicht erdiges Aroma ist wie geschaffen für Currys und intensiv schmeckende Schmorgerichte.

MISO

Die Paste aus fermentierten Sojabohnen und Getreide wie Reis oder Gerste wird im Herkunftsland Japan tagtäglich in Brühe gelöst genossen und gilt als Garant für Gesundheit und langes Leben. Zusätzlich sorgt sie für reichlich (Umami-)Geschmack, der sich wunderbar in Suppen, Marinaden und Saucen nutzen lässt. Für Einsteiger: dunkles, braunes oder rötliches Miso schmeckt meist deutlich kräftiger, salziger, manchmal leicht malzig. Im Gegensatz dazu schmeckt helleres Miso milder und meist leicht süßlich. Bei den Rezepten passen prinzipiell alle Misosorten, hier darf ausprobiert oder das genommen werden, was im Haus ist. Wichtig: Miso sollte nie stark erhitzt, sprich mitgekocht werden, denn das zerstört die ganzen gesunden Inhaltsstoffe.

KAPERN UND KAPERNÄPFEL

Die Blütenknospen des Kapernbusches entwickeln durch das Einlegen und Fermentieren einen tiefen Umamigeschmack und werden zu kleinen Gewürzbomben. Aufgrund ihres eigenen, bereits salzigen Geschmacks braucht es beim Würzen deutlich weniger Salz.

SARDELLEN

Sardellen (oder Anchovis) erhalten durch das Einlegen in Salz(lake) ihren besonderen Geschmack. Sie dienen als Würze in Dressings, Saucen oder anderen Gerichten. Das Einlegesalz vor dem Verarbeiten mit einem Messer abkratzen oder kurz abspülen, damit das Gericht nicht zu salzig gerät. Ich nutze Sardellen auch als Salzersatz.

SOJASAUCE

Sojasauce ist die Umami-Wunderwaffe schlechthin, die alles einen Tick intensiver und würziger macht. Tamari, die traditionelle Sojasauce, wird nur aus Sojabohnen, Meersalz und Wasser hergestellt. Shoyu, normale Sojasauce, wird zusätzlich mit Weizen gebraut und ist damit für Leute mit Glutenunverträglichkeit ungeeignet. Es gibt sehr gute handwerklich hergestellte Sojasaucen, die wunderbar auf Brot schmecken.

TAHIN

Nussig, cremig und herrlich aromatisch. Die orientalische Sesampaste ist perfekt für Saucen und Dressings. Aus geschälten Samen ist sie heller und milder, aus ungeschälten herber und würziger – und gesünder, weil alle Inhaltsstoffe erhalten sind. So wie alle Lebensmittel immer im Ganzen wertvoller sind.

CHILI

Es gibt Hunderte Arten, Formen, Farben, mit unterschiedlicher Fruchtigkeit, Pikanterie und Schärfe. Nur Mut! Chilischärfe hat viele Facetten: sie reicht von »lediglich« rosenscharfem Paprikapulver, Chilipulver oder -flocken über frische oder getrocknete Schoten bis hin zu scharfen Spezialitäten wie Pimentón de la vera oder Piment d'Espelette. Je nach persönlicher Schärfevorliebe und häuslichem Vorrat kann einfach getauscht werden.

KURKUMA

Ich nehme auch gerne frische Kurkumawurzeln, ansonsten steht das gemahlene Pulver immer im Schrank: für Suppen, Getreide, Saucen, Currys, Dips und alles, was eine leicht bittere, intensive Note und etwas sonnig gelbe Farbe vertragen kann.

INGWER

Frischer Ingwer besticht durch frische, fruchtige Schärfe. Er passt nicht nur für asiatische Gerichte, sondern gibt auch mal einer normalen Hühnerbrühe oder Apfelmus eine besondere Note. Halten Sie auch mal nach milderem, jungem Ingwer oder Galgant Ausschau, die ähnlich, aber wesentlich milder und zitroniger schmecken. Ich nehme Bio-Ingwer und reibe ihn fein, oft mit Schale.

1.

SCHNELL WAS KLEINES ...

... WENN SONST (FAST) GAR NICHTS MEHR GEHT

•

Stressiger Tag, viel los, erst spät wieder zu Hause und eigentlich nur noch Sehnsucht nach Ruhe ... Trotzdem **LUST UND APPETIT** auf etwas Frisches und Gutes, das einfach schnell zubereitet ist. Was ist noch im Haus? Brot, Eier, ein bisschen Gemüse? **PERFEKT,** daraus lässt sich auf jeden Fall schnell was zaubern, das **SATT UND GLÜCKLICH** macht!

HAMSHUKA
FASCHIERTES AUS DEM LIBANON

Für 2 Personen | 25 Min. Zubereitung

Für das Faschierte:
300 g Faschiertes vom Rind
1 EL Baharat (orientalische Gewürzmischung)
½ TL gemahlener Kreuzkümmel
¼ TL Zimtpulver
3 Msp. Chilipulver
Salz – Pfeffer
1 Zwiebel
2 Knoblauchzehen
2 EL Olivenöl zum Braten
½ Bund Petersilie

Für das Hummus:
1 Glas Kichererbsen (ca. 220 g Abtropfgewicht, ersatzweise selbst gekochte, siehe S. 10)
1 Knoblauchzehe
½ Zitrone
2 EL Tahin (Sesampaste)
2 EL natives Olivenöl
Salz – Pfeffer

1. Für das Faschierte das Fleisch kurz, aber gründlich mit den Gewürzen verkneten, salzen und pfeffern. Zugedeckt ziehen lassen.

2. Währenddessen für das Hummus Kichererbsen in ein Sieb abgießen, kalt abbrausen und abtropfen lassen. Knoblauch schälen und grob hacken, die Zitrone auspressen. Kichererbsen, Knoblauch, Zitronensaft, Tahin und Olivenöl in einen hohen Rührbecher geben und mit dem Pürierstab fein pürieren, dabei nach und nach so viel möglichst eiskaltes Wasser dazugeben, bis eine schöne, cremige Konsistenz erreicht ist. Mit Salz und Pfeffer würzen. Beiseitestellen.

3. Zwiebel und Knoblauch schälen und fein würfeln. Das Öl in einer Pfanne erhitzen, beides darin langsam goldgelb und weich dünsten. Die Temperatur erhöhen und das Faschierte dazugeben. Mit einem Holzlöffel ständig zerteilen und wenden, bis es krümelig und fast schon etwas knusprig gebraten ist. Vom Herd nehmen.

4. Die Petersilie waschen und trocken schütteln. Die Blättchen abzupfen und grob zerschneiden. Einen großen Teil unter das Faschierte mischen. Hummus in einer Schale glatt verteilen, darauf das warme Faschierte geben. Mit übriger Petersilie bestreuen und servieren. Dazu schmeckt (warmes) Fladenbrot. Ein perfektes kleines, schnell gemachtes Abendessen.

MEIN TIPP

Das kalte Wasser sorgt nicht nur dafür, dass sich die Kichererbsen besser pürieren lassen – je kälter es ist, desto cremiger und fluffiger wird das Hummus. Ich gebe einfach ein paar Eiswürfel in etwas Wasser, rühre, damit sie leicht schmelzen, und habe so ganz schnell »Eiswasser«.

DER MUTIGE TIPP Auch pur und fleischlos liebe ich Hummus – es ist einfach der perfekte Aufstrich oder Dip für Brot, Kräcker oder Rohkost und passt auch mal als kleine Vorspeise für Gäste. Ohne Faschiertes kann es ruhig etwas mehr Würze vertragen: Die Kichererbsen zusätzlich mit ½ TL gemahlenem Kreuzkümmel und ½ TL gemahlener Kurkuma pürieren und mit 2–3 Msp. Chilipulver, Salz und Pfeffer pikant abschmecken. Wer will, streut zum Servieren noch etwas Schwarzkümmel darüber, der häufig auch unter dem Namen »Nigella« preiswert in türkischen oder asiatischen Lebensmittelgeschäften angeboten wird. Die schwarzen Körnchen, die die meisten auf Fladenbrot gestreut kennen, schmecken intensiv, leicht herb-würzig, fast ein wenig harzig.

MEDITERRANE BOHNENCREME

Für 1–2 Personen | 10 Min. Zubereitung

1 Glas weiße Bohnen
(ca. 240 g Abtropfgewicht, ersatzweise selbst gekochte, siehe S. 10)
1 Knoblauchzehe
1 Zweig Thymian
3 EL natives Olivenöl
1 Msp. Chiliflocken
Salz - Pfeffer
3 Spritzer Zitronensaft

1. Die Bohnen in ein Sieb abgießen, dabei das Einlegewasser auffangen. Die Bohnen gründlich abspülen und abtropfen lassen. Knoblauch schälen und fein hacken, Thymian waschen, trocken schütteln, Blättchen abzupfen und grob hacken.

2. Die Bohnen mit Knoblauch, Thymian, Olivenöl und Chiliflocken mit dem Pürierstab fein pürieren, dabei nach und nach so viel Einlegewasser (oder kaltes Wasser) dazugeben, bis eine cremige Masse entstanden ist. Nochmals mit Salz, Pfeffer und 1–3 Spritzern Zitronensaft abschmecken. In einem Schälchen anrichten, eventuell mit etwas Olivenöl beträufeln und mit Pfeffer übermahlen.

MEIN TIPP

Die Bohnencreme passt wie Hummus zu Brot oder Rohkost, macht sich aber auch als feiner Aufstrich auf Crostini wunderbar. Wer möchte, toppt beides noch mit ein paar in Ringe geschnittenen schwarzen Oliven oder eingelegten, getrockneten Tomatenstreifen. Auch fein mit etwas angemachtem Fenchel: Dazu einen Fenchel in hauchdünne Streifen hobeln, leicht salzen und so lange kneten, bis er schön weich ist. Mit Salz, Pfeffer, ein paar zerstoßenen Fenchelkörnern und Zitronensaft abschmecken und mit etwas Olivenöl mischen.

DER MUTIGE TIPP

Hummus muss nicht immer aus Kichererbsen gemacht werden: Ich püriere die Bohnen auch mal gerne mit 2 EL Tahin (Sesampaste) und den übrigen Zutaten dieses Rezepts und toppe das Ganze mit 1 TL Garam Masala. Wer einfach nur etwas zusätzlich Farbe und etwas grüne Frische möchte, püriert ein paar EL grob zerschnittene Petersilie mit einem guten (nativen) Olivenöl, schmeckt das Püree mit etwas Salz, Pfeffer und Zitronensaft ab und träufelt es über den fertigen Bohnendip.

GRÜNE-ERBSEN-DIP

Für 1-2 Personen | 20 Min. Zubereitung

1 Schalotte
1 TL Butter
250 g TK-Erbsen
(oder frische)
75 ml Gemüsebrühe
(ersatzweise Wasser)
2 Msp. Currypulver
Salz - Pfeffer
2 große Stängel Estragon
1 EL Crème fraîche
2 Spritzer Zitronensaft

1. Die Schalotte schälen und fein würfeln. Butter in einem Topf erhitzen und die Schalotte darin bei kleiner Hitze langsam goldgelb und weich dünsten. Die Erbsen dazugeben und unter Rühren 1 Min. garen. Die Gemüsebrühe dazugeben und mit Currypulver, Salz und Pfeffer würzen. Zugedeckt 8–10 Min. bei kleiner Hitze garen. Fall nötig, ganz wenig Wasser oder Brühe dazugeben, am Ende sollte so gut wie alle Flüssigkeit verdunstet sein.

2. Inzwischen Estragon waschen, trocken schütteln, Blättchen abzupfen und fein hacken. Gegen Ende der Garzeit dazugeben. Die Pfanne vom Herd nehmen und abkühlen lassen. Sobald die Erbsen gut abgekühlt sind, Crème fraîche unter die Erbsen rühren (vorher eventuell übrigen Garsud abgießen, aber auffangen) und alles mit dem Pürierstab je nach Wunsch zu einer gröberen oder feineren Creme pürieren – bei Bedarf noch etwas Garsud untermixen. Mit Salz, Pfeffer und 1–2 Spritzern Zitronensaft abschmecken.

DER MUTIGE TIPP

Estragon und grüne Erbsen sind ein Klassiker der französischen Küche. Darum mag ich den Dip besonders zu frischem Baguette. Er schmeckt aber auch lauwarm als kleine, feine Beilage zu einem Stück kurzgebratenem Fleisch wie Steak oder Schweinelende. Damit es nicht gar zu »klassisch« wird, würze ich gerne mit etwas Curry oder Kurkuma. Oder verwandle das Ganze in Erbsenhummus: Statt der Schalotte eine Knoblauchzehe in etwas Olivenöl andünsten und die Erbsen nicht mit Crème fraîche, sondern mit 2–3 EL Tahin pürieren. Der Estragon wird dann einfach durch Minze oder Koriandergrün ersetzt.

2 CUPS
16 OZ

CROSTINI MIT TOMATEN

Für 2 Personen | 20 Min. Zubereitung | 30 Min. Ruhen

400 g reife Tomaten (Paradeiser, siehe Tipp)
1 Knoblauchzehe
2 Stängel Basilikum
4 EL Olivenöl
Salz - Pfeffer
1 Prise getrockneter Oregano
6 Scheiben Ciabatta (gerne auch vom Vortag)

1. Die Tomaten waschen, halbieren und den Stielansatz entfernen, in Würfelchen schneiden und in eine kleine Schüssel geben. Knoblauch halbieren, eine Hälfte schälen und fein würfeln. Basilikum waschen, trocken schütteln, Blättchen abzupfen und nicht zu fein zerschneiden. Beides mit 2 EL Olivenöl unter die Tomaten rühren und mit Salz, Pfeffer und Oregano würzen. Möglichst 20–30 Min. ziehen lassen.

2. Inzwischen die Brotscheiben rösten. Das geht ganz einfach: nacheinander im Toaster oder alle zusammen im Ofen auf einem Blech bei 225° in ca. 5 Min. knusprig braun rösten. Die röschen Brotscheiben anschließend mit der übrigen halben Knoblauchzehe abreiben und mit dem übrigen Olivenöl beträufeln. Die Tomaten mit einem Löffel auf die Brotscheiben häufeln und möglichst noch lauwarm genießen.

MEIN TIPP

Im Sommer herrscht die Qual der Wahl: Saisonal optimal gereifte Tomaten, wild gereifte Tigertomaten oder extraintensiv schmeckende Fleischtomatensorten wie Ochsenherz, Marmande oder Berner Rose schreien förmlich nach frischem Basilikum. Und auch hier liebe ich die Abwechslung: mal griechisches, rotes oder feinwürziges Zitronenbasilikum oder eine der anderen unzähligen Basilikumsorten – ich bediene mich bei allem, was mein Garten zu bieten hat.

DER MUTIGE TIPP

Ein paar Späne Parmesan aufgestreut oder 1 TL gehackte Kapern oder Sardellenfilets untergemischt sorgen für noch mehr Aroma!

CROSTINI MIT OFENTRAUBEN

Für 2 Personen | 10 Min. Zubereitung | 25 Min. Garen

200 g kernlose Weintrauben (rosé oder blau)
3 Zweige Thymian
3 EL Olivenöl zum Braten
(grobes) Salz - Pfeffer
6 dicke Scheiben Baguette
2 EL Walnusskerne
100 g Ziegenfrischkäse

1. Den Backofen auf 180° vorheizen. Die Trauben waschen und von den Stielen zupfen. Thymian waschen, trocken schütteln und grob zerzupfen. Mit den Weintrauben und 1 ½ EL Öl in einer kleinen ofenfesten Form mischen, leicht salzen und pfeffern.

2. Die Trauben im heißen Ofen (Mitte) 20–25 Min. garen, bis sie leicht aufzuplatzen beginnen. Inzwischen die Brotscheiben dünn mit dem übrigen Öl bepinseln. Kurz vor Garzeitende neben die Weintrauben auf den Ofenrost legen und in 4–6 Min. goldbraun rösten, dabei einmal wenden, anschließend herausnehmen.

3. Die Brotscheiben und Trauben kurz etwas abkühlen lassen, währenddessen die Walnusskerne grob hacken. Die Brotscheiben dick mit Ziegenfrischkäse bestreichen, dann die Trauben darauf verteilen, mit etwas von dem ausgetretenen Garsud beträufeln und mit Walnüssen bestreuen. Sofort servieren.

DER MUTIGE TIPP

Anstelle von Ziegenfrischkäse schmeckt auch Ricotta oder in Scheiben geschnittene dünne Ziegenkäserolle. Wer möchte, träufelt noch ein ganz klein wenig Aceto balsamico oder noch besser Crema di Aceto balsamico über die Trauben. Die Ofenweintrauben passen übrigens leicht abgekühlt auch toll zu Salaten oder als Beilage zu gebratenem Wild oder Steak. Und natürlich: Die Brotsorten bei den Rezepten von S. 19 bis S. 24 lassen sich auch beliebig austauschen – ich nehme einfach, was gerade im Haus ist!

BRUSCHETTE MIT SCHWAMMERLN

Für 2 Personen | 20 Min. Zubereitung

300 g Kräuterseitlinge (ersatzweise andere Schwammerl, siehe Tipp)
1 Zweig Rosmarin
1 Knoblauchzehe
25 g Parmesan
2 große etwas dickere Brotscheiben (z. B. Bauernbrot)
3 EL Olivenöl zum Braten
2 TL Butter
Salz - Pfeffer
2 Msp. edelsüßes Paprikapulver

1. Die Schwammerl putzen, bei Bedarf mit einem Tuch abreiben. Je nach Größe in 2–3 mm dicke Scheiben schneiden: kleine einfach im Ganzen längs in Scheiben schneiden, bei großen erst den Stiel bis zur Kappe in Scheiben schneiden, dann die Kappe längs ebenfalls ins Scheiben. Rosmarin waschen, trocken schütteln, Nadeln abzupfen und fein hacken. Den Knoblauch schälen und quer in Scheiben schneiden. Parmesan mit dem Käsehobel oder Sparschäler in dünne Späne hobeln.

2. Die Brotscheiben halbieren. In einer Pfanne 1 EL Öl und 1 TL Butter erhitzen und die Brotscheiben darin von beiden Seiten bei mittlerer Hitze goldbraun rösten, herausnehmen und auf Küchenpapier abtropfen lassen.

3. In derselben Pfanne anschließend sofort das übrige Öl richtig heiß werden lassen – es sollten sich leichte Schlieren im Öl zeigen. Pilze hineingeben und zunächst ohne Wenden stark anbraten, dann wenden und die zweite Seite ebenfalls so braten, bis sie leicht gebräunt ist.

4. Die Hitze reduzieren und Knoblauch, Rosmarin sowie übrige Butter dazugeben. Mit Salz, Pfeffer und Paprikapulver würzen und unter Rühren 2–3 Min. weiterbraten, bis die Pilze schön gebräunt sind. Die Pilze auf die Brotscheiben verteilen, mit den Parmesanspänen bestreuen und sofort servieren.

MEIN TIPP

Alternativ zu Parmesan darf es auch mal eine Scheibe dünn geschnittener luftgetrockneter Schinken sein, z. B. Parma- oder San Daniele Schinken, ein Streifen Tiroler Speck oder eine andere regionale Schinkenspezialität. Ich mag die Pilze übrigens nicht nur auf Brot, sondern mische sie auch gern unter eine Portion frisch gekochte Nudeln – mit etwas Olivenöl beträufelt und mit Schnittlauch oder Basilikum bestreut, eine sensationell schnelle Pasta! Wenn mir im Herbst die Zeit zum Schwammerlsuchen bleibt, ersetze ich die Zuchtseitlinge oft durch Eierschwammerl, Steinpilze oder andere Waldpilze.

BAUERNBROT MIT FORELLE

Für 2 Personen | 20 Min. Zubereitung

2 dickere Scheiben Bauernbrot
1 Frühlingszwiebel
1 Bio-Mini-Salatgurke (oder ½ normale Salatgurke)
5 Radieschen
1 EL natives Olivenöl
Salz – Pfeffer
100 g Obers
1 ½ TL Kren (Meerrettich; aus dem Glas oder frisch gerieben)
2 geräucherte Forellenfilets (ca. 125 g)
1 Kästchen Kresse (nach Belieben mehr, siehe Tipp)

1. Die Brote nach Belieben im Toaster leicht anrösten. Frühlingszwiebel waschen, putzen und trocken schütteln, den weißen Teil längs vierteln und die Viertel in kleine Stückchen schneiden, den grünen Teil in feine Ringe. Gurke waschen, nach Wunsch schälen, dann in möglichst kleine, etwa 5 mm große Würfel schneiden. Radieschen waschen, putzen und ähnlich groß würfeln. Den weißen Teil der Frühlingszwiebel mit Radieschen, Gurke und Olivenöl mischen, leicht salzen und pfeffern.

2. Den Obers in einen Rührbecher geben und mit den Schneebesen des Handrührgeräts steif schlagen, dann den Kren unterheben. Forellenfilets in größere Stücke teilen.

3. Die Radieschen-Gurken-Mischung auf den Brotscheiben verteilen, darauf die Forellenstücke legen und jeweils etwas von der Meerrettichsahne daraufgeben. Mit grünen Zwiebelringen und nach Belieben mit Kresse bestreuen und sofort genießen.

MEIN TIPP

Frisch geriebener Kren verfärbt sich schnell bräunlich oder grau. Grund: Er enthält reichlich Vitamin C, das an der Luft, ähnlich wie bei einem Apfel, oxidiert. Hier hilft ein Spritzer Zitronensaft oder einfach ganz flink verarbeiten und unter den Obers rühren!

DER MUTIGE TIPP Sicher, Kresse gibt es rund ums Jahr zu kaufen; je nach Jahreszeit und Verfügbarkeit lässt sich das Ganze geschmacklich aber auch noch anders aufpeppen: im Frühjahr sorgt eine gute Handvoll grob geschnittener Kerbel für feine Frische, im Herbst oder Winter passt Postelein (Winter-Portulak) oder leicht pfeffrig schmeckende Brunnenkresse, die bis weit ins Frühjahr Saison hat. Auch Rucola oder Rote-Bete-Keimlinge passen wunderbar.

MEIN TIPP

Ein fluffig luftig-lockeres Omelette ist fix gemacht, macht wunderbar satt und zufrieden und lässt sich unendlich variieren: mal mit direkt untergemischten, gehackten Kräutern oder ein paar Esslöffeln geriebenem Parmesan oder mit unterschiedlichsten Füllungen, wie z. B. gebratenen Pilzen (siehe S. 27, Bruschette mit Schwammerln), frischen, gewürfelten Tomaten und Mozzarella, Vogerlsalat oder Portulak oder ein wenig übrig gebliebenem gegartem Gemüse vom Vortag.

OMELETTE MIT RICOTTA-SPINAT

Für 2 Personen | 25 Min. Zubereitung

300 g frischer Spinat (ersatzweise TK)
2 Frühlingszwiebeln
1 Knoblauchzehe
1 EL Olivenöl zum Braten
Salz - Pfeffer
frisch geriebene Muskatnuss
6 Bio-Eier (Größe M)
3 EL Obers
2 EL Butter
100 g Ricotta (ersatzweise Schicht- oder körniger Frischkäse)

1. Spinat verlesen, putzen, waschen und trocken schleudern, tiefgekühlten Spinat möglichst bereits etwas früher aus dem Tiefkühlfach nehmen und antauen lassen. Frühlingszwiebeln waschen, trocken schütteln und putzen; den weißen Teil längs vierteln und in kleine Stücke schneiden, den grünen getrennt in feine Ringe. Knoblauch schälen und fein würfeln.

2. Öl in einem weiten Topf erhitzen, Knoblauch und weiße Zwiebelstückchen darin weich dünsten. Die Temperatur erhöhen, Spinat dazugeben und unter Rühren bei großer Hitze zusammenfallen bzw. auftauen lassen – es sollte möglichst alle Flüssigkeit verdampfen. Mit Salz, Pfeffer und 1 Prise Muskat würzen. Warm halten.

3. Die Eier mit dem Schneebesen oder einer Gabel gründlich mit dem Obers verquirlen, aber nicht schaumig schlagen, salzen und pfeffern. Die Hälfte der Butter in einer Pfanne schmelzen lassen. Die Hälfte der Eier hineingießen und braten, bis die Masse ganz leicht an den Rändern zu stocken beginnt. Nun die Eiermasse mit einem Holzlöffel von oben und unten zur Mitte der Pfanne zusammenschieben und flüssiges Ei nachfließen lassen. Dann von links und rechts zusammenschieben. Diesen Vorgang zwei- bis dreimal wiederholen, bis das Ei völlig gestockt ist. Das Omelette nach Wunsch noch etwas bräunen lassen.

4. Das Omelette auf einen Teller gleiten lassen. Mit einem zweiten Teller abdecken und warm halten. Aus der übrigen Butter und der übrigen Eiermasse wie beschrieben ein zweites Omelette braten. Jeweils die Hälfte des Spinats in jedes Omelette längs mittig verteilen, Ricotta esslöffelweise daraufgeben, mit Pfeffer übermahlen und mit Zwiebelgrün bestreuen. Dann die Omelettes über den Spinat zusammenklappen und sofort servieren.

ZUCCHINI-KUKU
PERSISCHES OMELETTE

Für 2 Personen | 30 Min. Zubereitung

1 großer Zucchino
(oder zwei kleine)
3 Frühlingszwiebeln
1 Bund Dill
1 Bund Petersilie
1 Msp. Safranpulver
2 ½ EL Olivenöl zum Braten
½ TL gemahlene Kurkuma
5 Eier (Größe M oder L)
Salz - Pfeffer

1. Zucchino waschen und die Enden abschneiden. Zucchino auf der Rohkostreibe grob raspeln. Frühlingszwiebeln putzen, waschen und trocken schütteln. Den weißen Teil längs vierteln und die Viertel in kleine Stückchen schneiden, den grünen Teil in nicht zu feine Ringe. Die Kräuter waschen, trocken schütteln, Dillspitzen bzw. Blättchen abzupfen und grob zerschneiden - ruhig auch feine Stiele verwenden und klein schneiden. Den Safran in einem Gläschen mit 1–2 EL heißem Wasser übergießen und ziehen lassen.

2. Inzwischen 2 EL Öl in einer kleinen Pfanne erhitzen, darin die weißen Zwiebelstücke bei mittlerer Hitze andünsten. Temperatur erhöhen, die Zucchiniraspel dazugeben und bei großer Hitze 2–4 Min. braten. Dabei immer wieder durchrühren, die Zucchiniraspel sollten leicht bräunen und möglichst alle Flüssigkeit verdunsten. Aus der Pfanne nehmen. Kräuter und grüne Zwiebelringe in die Pfanne geben, mit Kurkuma bestäuben und bei kleiner bis mittlerer Hitze unter Rühren zusammenfallen lassen und dünsten, bis sie zu duften beginnen. Vom Herd nehmen und leicht abkühlen lassen.

3. Die Eier mit dem Safranwasser verquirlen, kräftig mit Salz und Pfeffer würzen. Zucchini und Kräuter unterrühren. Übriges Öl in der Pfanne erhitzen, die Eiermasse hineingeben. Bei kleiner Hitze zugedeckt 8–10 Min. garen, bis das Ei gestockt ist. Das Omelette vorsichtig auf einen Teller gleiten lassen und mit dessen Hilfe zurück in die Pfanne wenden. Dann nochmals 2–4 Min. garen, herausnehmen und warm oder kalt genießen.

DER MUTIGE TIPP Mit »Kuku« werden in der persischen Küche die unterschiedlichsten Omelettes bezeichnet. Sie schmecken warm als Imbiss, eignen sich kalt und in Stücke geschnitten aber auch als kleiner Snack für Gäste. Neben Eiern kommen dazu oft büschelweise frische Kräuter und unterschiedliche (vorgegarte) Gemüse in die Pfanne, z. B. gebratene Auberginenwürfel, dicke grüne Bohnen oder Erbsen. Hier können auch Gemüsereste verwendet werden! Und: es darf auch etwas mehr Würze sein, z. B. gemahlener Kreuzkümmel, Kardamom oder Chili.

MEDITERRAN ANGEMACHTE EIER

Für 1–2 Personen | 25 Min. Zubereitung

3 Eier (Größe M)
1 Mini-Salatgurke
(oder ½ Salatgurke)
2 Frühlingszwiebeln
½ Bund Petersilie
5 Stängel Dill
6 schwarze Oliven
(ohne Stein)
2 Sardellenfilets
(in Salz eingelegt)
3 EL Zitronensaft
½ TL Senf
4 EL natives Olivenöl
Salz · Pfeffer

1. Die Eier in kochendem Wasser in ca. 8 Minuten garen, herausnehmen kalt abschrecken und am besten kurz in kaltes Wasser legen, damit sie schneller abkühlen. Anschließend die Eier pellen und quer in ca. 5 mm dicke Scheiben schneiden.

2. Währenddessen die Gurke waschen, die Schale in Streifen so abziehen, dass immer ein geschälter Streifen und ein ungeschälter miteinander ringsum abwechseln. Dann die Gurke in Scheiben schneiden. Frühlingszwiebeln waschen und putzen, dann mit dem Grün in nicht zu dünne Ringe schneiden. Die Kräuter waschen, gut trocken schütteln, Blättchen bzw. Dillspitzen abzupfen und nicht zu fein zerschneiden. Mit den Frühlingszwiebeln mischen. Oliven in Ringe schneiden.

3. Für das Dressing die Sardellen gründlich kalt abbrausen, mit Küchenpapier trocken tupfen und mit einem großen Messer möglichst fein hacken. Gründlich mit Zitronensaft und Senf verrühren und die Sardellen dabei weiter zerdrücken. Das Öl kräftig unterschlagen und das Dressing mit Salz und Pfeffer würzen.

4. Die Eier und die Gurke bunt abwechselnd und dachziegelartig überlappend auf einer Platte auslegen und mit der Kräuter-Zwiebel-Mischung und den Oliven bestreuen. Das Dressing gleichmäßig darüberträufeln.

MEIN TIPP

Das Rezept eignet sich wunderbar als Ringerlrezept für übrig gebliebene hart gekochte (Oster- oder Frühstücks-)Eier. Hier ist übrigens der blaue Rand kein Zeichen dafür, dass die Eier schlecht sind. Es ist lediglich das sichtbare Zeichen einer ganz natürlichen chemischen Reaktion von Eidotter mit Eiklar, wenn sie lange gekocht werden. Wer nicht lange anrichten möchte: Das Ganze lässt sich kunterbunt gemischt als Eiersalat zubereiten, der frisch und leicht schmeckt und ganz ohne Mayonnaise auskommt. Dazu Eier besser achteln und die Gurke längs halbieren und dann vierteln. Wer möchte, kann frische Kresse – oder besonders fein: Brunnenkresse –, Rucola oder etwas Römer- oder Kopfsalat untermischen.

2.

GROSSER HUNGER, WENIG ZEIT …

… SCHNELLE HILFE AUS EINEM TOPF

Mal wieder keine Zeit, um ans Kochen oder **EINKAUFEN** zu denken. Knurrt dann plötzlich der Magen, hilft mir garantiert eines: mein schlau gefüllter **VORRATSSCHRANK**. Vorgegarte Hülsenfrüchte und schnell garende Getreide wie Couscous oder Bulgur werden ruckzuck zum perfekten **EIN-TOPF-GERICHT**.

RUND-UMS-JAHR-GEMÜSEEINTOPF

Für 2 Personen | 20 Min. Zubereitung | 25 Min. Garen

2 Tomaten
1 Zwiebel
1 Knoblauchzehe
400 g gemischtes Gemüse (z. B. Karotten, Kohlrabi, grüne Bohnen, Erbsen, Fenchel, Zucchini, Staudensellerie)
3 EL Olivenöl zum Braten
⅓ TL getrockneter Oregano
Salz - Pfeffer
50 ml Weißwein (ersatzweise Brühe)
500 ml Hühner- oder Gemüsebrühe (siehe S. 40)
2 Zweige Thymian
1 Glas weiße Bohnen (Cannellini-Bohnen, ca. 240 g Abtropfgewicht, ersatzweise selbst gekochte, siehe S. 10)
8 Stängel Petersilie

1. Die Tomaten unten kreuzweise einritzen, in eine Schale legen und mit kochendem Wasser übergießen, darin 5–10 Min. ziehen lassen, anschließend herausnehmen, die Schale mit einem spitzen Messer abziehen. Die Tomaten klein schneiden, dabei den Stielansatz entfernen und den Saft auffangen.

2. Zwiebel und Knoblauch schälen und getrennt fein würfeln. Das Gemüse waschen, je nach Sorte schälen und putzen und in etwa gleich große Stücke schneiden: Bohnen in ca. 1 cm lange Stücke, Sellerie, Karotten, Kohlrabi, Fenchel und Zucchini in etwa 1 cm große Würfel.

3. Das Öl in einem Topf erhitzen, darin die Zwiebel langsam goldgelb dünsten, den Knoblauch gegen Ende dazugeben und mitdünsten. Tomaten samt Saft dazugeben, leicht mit Oregano, Salz und Pfeffer würzen und bei großer Hitze unter gelegentlichem Rühren einkochen lassen, bis fast alle Flüssigkeit verkocht ist, und die Tomaten dunkler werden. Mit Weißwein ablöschen und diesen fast vollständig verkochen lassen. Dann Gemüse und Brühe dazugeben, Thymian waschen und ebenfalls dazugeben. Alles einmal kurz aufkochen lassen, dann bei kleiner bis mittlerer Hitze 20–25 Min. garen.

4. Währenddessen Bohnen in ein Sieb abgießen, kalt abbrausen und abtropfen lassen. Etwa 5 Min. vor Garzeitende in die Suppe geben und kurz mitgaren. Inzwischen Petersilie waschen, trocken schütteln, Blättchen abzupfen und grob zerschneiden. Den Eintopf mit Salz und Pfeffer abschmecken. Thymian herausfischen und den Eintopf mit Petersilie bestreuen.

MEIN TIPP

Je nach Saison wandern bei mir unterschiedlichste Gemüse in den Topf – im Herbst z. B. auch einmal feste Wurzelgemüse wie Karotten, Pastinaken, Steckrüben, Topinambur, aber auch Kürbis. Und weil ich übrig gebliebenes Gemüse nicht wegwerfe, putze und schneide ich es einfach klein und gebe es in eine Gefrierbox. Im Tiefkühlfach wartet es, bis genügend Reste zusammengekommen sind, und dann heißt es: Heute gibt es Eintopf!

MEINE HEILENDE HÜHNERSUPPE

1 gutes Suppenhuhn
(ca. 2,2 kg Freiland- oder
Bio-Huhn, siehe Tipp)
1 Zwiebel
2 dicke Karotten
1 Petersilienwurzel
150 g Sellerie (siehe Tipp)
150 g Lauch (siehe Tipp)
2 Knoblauchzehen (nach Belieben)
2 Zweige Thymian
1 Lorbeerblatt
1 TL weiße Pfefferkörner
6 Stängel Petersilie
Salz – Pfeffer

Für ca. 3 l Brühe
25 Min. Zubereitung
2 Std. 30 Min. Garen

1. Das Huhn unter fließendem kaltem Wasser abspülen und abtropfen lassen. Das Huhn in einen Suppentopf einlegen und ca. 5 l Wasser dazugeben, sodass das Huhn gerade gut bedeckt ist. Nun bei mittlerer Hitze ganz langsam zum Sieden bringen – das Wasser sollte nur sanft kochen und nicht stark blubbern. Es sollten lediglich ab und an einige feine Luftblasen nach oben steigen. Den aufsteigenden Schaum anfangs immer wieder mit einem Schaumlöffel abnehmen. Die Zwiebel quer halbieren und ungeschält dazugeben. Alles zugedeckt bei kleiner Hitze 1 Std. garen lassen.

2. Inzwischen Karotten, Petersilienwurzel und Sellerie schälen, Lauch gründlich waschen und längs halbieren. Alles lediglich in große Stücke schneiden. Knoblauchzehen schälen und halbieren, Thymian waschen. Das Gemüse, nach Belieben Knoblauch, Thymian, Lorbeerblatt und Pfeffer in den Topf geben und 1 Std.–1 Std. 30 Min. weitergaren. Etwa 15 Min. vor Garzeitende Petersilie waschen und in den Topf geben – das gibt der Brühe eine feine, frische Note! Zuletzt mit Salz und Pfeffer würzen. Suppenhuhn aus dem Topf nehmen und die Brühe durch ein feines Sieb in einen Topf gießen.

3. Je nach Belieben kann die gleich gegessen oder getrunken werden – wer sie kräftiger mag, lässt sie kurz bei starker Hitze offen sprudelnd einkochen. Oder es gibt Hühnersuppe mit Einlage: Dazu vom Suppenhuhn die Haut entfernen, das Fleisch von den Knochen lösen und mundgerecht zerschneiden. Das gegarte Gemüse – Karotten, Petersilienwurzel und Sellerie – kleiner schneiden und mit dem Fleisch und eventuell vorgegarten Suppennudeln in der Brühe erhitzt. Vor dem Servieren am besten noch mit frischer gehackter Petersilie oder Schnittlauch bestreuen.

Eine selbst gekochte Hühnersuppe ist nicht nur heißer Seelen- und Magentröster. Schon unsere Großmütter wussten, wie wunderbar stärkend und heilsam sie bei Grippe und Fieber wirkt – was heute sogar als wissenschaftlich erwiesen gilt. Es lohnt sich also auf jeden Fall, gleich einen großen Topf zu kochen, Reste einfach portionsweise einzufrieren und immer dann zu genießen, wenn der kleine Hunger oder die nächste Erkältung kommt.

EIN GANZES SUPPENHUHN

Oft findet sich kein passender Topf, der ein ganzes Huhn samt Wasser fasst. Wer die Möglichkeit hat, kann das Huhn daher vorab vom Metzger bereits halbieren oder vierteln lassen, so passt es einfacher. Wer nur Brühe ohne Fleisch kochen möchte, sollte beim Metzger ruhig einmal nach »Karkassen«, also den knochigen Überbleibseln eines entbeinten Huhns, und eventuell auch nach Gurgeln fragen, die sich immer noch gut für eine reine Brühe eignen. Wer ein kräftiges Fleischaroma schätzt, kann dazu noch ein paar Hühnchenflügel mit in den Topf geben.

MEIN TIPP

Die Brühe würze ich je nach Vorrat auch mal anders: Neben normalem Suppengemüse dürfen ruhig auch Gemüsereste, ja sogar Schalen und Abschnitte von anderen aromatischen Gemüsen wie Wurzelpetersilie, Fenchel oder Pastinaken mit in den Topf – alles, was beim täglichen Kochen so anfällt. Es lohnt sich, sogar Abschnitte, die im Moment nicht verwendet werden können, einfach klein zu schneiden und in einer Gefrierbox einzufrieren. Ist genug zusammengekommen und wird wieder einmal Hühner- oder Gemüsebrühe gekocht, darf das gefrorene Gemüse einfach so mit in die Brühe wandern. Auch bei den Mengen nehme ich es oft nicht so genau: Es darf ruhig auch mal eine ganze kleine Knolle Sellerie oder Lauch in den Topf – so bleiben erst gar keine Reste!

DER MUTIGE TIPP

Schmeckt die Brühe am Ende noch etwas flau, fehlt einfach etwas Würze? Dann hilft ein guter Schuss Tamari oder Sojasauce oder ein guter Löffel Miso, der am Ende untergerührt wird. Und wer wie ich etwas Schärfe und Würze mag: 1 ordentliches Stück in Scheiben geschnittener Ingwer, 1 kleine Chilischote und/oder 1 Stange Zimt sorgen für wohlige Wärme und machen die Brühe gleich doppelt zum gesunden Allheilmittel.

GERSTL-EINTOPF

Für 2 Personen | 15 Min. Zubereitung | 35 Min. Garen

RINGERLREZEPT

1 dicke Karotte
1 Petersilienwurzel (ca. 120 g)
150 g Rosenkohl
1 Zwiebel
1 Knoblauchzehe
80 g Perlgraupen
2 EL Sonnenblumenöl
500 ml Hühnerbrühe (aus dem Glas oder selbst gemacht siehe S. 40, oder Fleischbrühe)
½ TL getrockneter Majoran
250 g gegartes Hühnerfleisch oder Tafelspitz (siehe S. 40 und S. 157)
1 Bund Schnittlauch
Salz - Pfeffer
frisch geriebene Muskatnuss
2 TL frisch gepresster Zitronensaft

1. Karotte schälen, längs vierteln, die Viertel in knapp 1 cm dicke Stücke schneiden. Petersilienwurzel schälen, putzen, ebenfalls vierteln und in gut 1 cm dicke Stücke schneiden - also etwas dicker als die Karotten, die schneller garen. Rosenkohl waschen, den Strunk wegschneiden und unschöne Blätter entfernen, anschließend die Köpfe längs halbieren, sehr kleine ganz lassen. Zwiebel und Knoblauch schälen und fein würfeln. Graupen in ein Sieb geben, gründlich kalt abbrausen und abtropfen lassen.

2. In einem Topf das Öl erhitzen, darin Zwiebel und Knoblauch goldgelb dünsten. Karotten und Petersilienwurzel dazugeben und unter Rühren kurz mitbraten. Graupen dazugeben, kurz weiterbraten, dann die Brühe angießen, Rosenkohl und Majoran unterrühren. Zugedeckt bei mittlerer Hitze 30–35 Min. garen.

3. Inzwischen das Hühnerfleisch oder den Tafelspitz in mundgerechte Stücke schneiden. Etwa 5 Min. vor Garzeitende in die Suppe geben und darin heiß werden lassen. Schnittlauch waschen, trocken schütteln und in Röllchen schneiden. Den Eintopf mit Salz, Pfeffer, 1 Prise Muskat und 1–2 TL Zitronensaft abschmecken. Mit Schnittlauch bestreuen und servieren.

MEIN TIPP

Gerstlsuppe auf Grundlage von Fleischbrühe ist eine Tiroler Spezialität: oft mit Speck, deftig Gepökeltem oder Geräuchertem zubereitet. Frischer, leichter und trotzdem magenwärmend gut wird der Eintopf mit viel winterlichem Gemüse. Anstelle der traditionell verwendeten, länger garenden Rollgerste werden hier geschälte und entspelzte Perlgraupen aus Gerste verwendet, die schneller garen und nicht eingeweicht werden müssen.

ORIENTALISCHER KICHERERBSEN-SÜSSKARTOFFEL-TOPF

Für 2 Personen | 30 Min. Zubereitung

1 Süßkartoffel (ca. 300 g)
200 g Grünkohl
1 große Zwiebel
1 Knoblauchzehe
1 Stück frischer Ingwer (ca. 20 g)
1 Bio-Zitrone
1 Glas Kichererbsen (ca. 230 g Abtropfgewicht, ersatzweise selbst gekochte, siehe S. 10)
3 EL Erdnussöl
1 Zimtstange
1 TL gemahlener Kreuzkümmel
1 TL gemahlener Koriander
½ TL gemahlene Kurkuma
3 Msp. Chiliflocken
400 g passierte Tomaten (Tetrapak)
Salz – Pfeffer

1. Die Süßkartoffel schälen und in ca. 1 cm große Würfel schneiden. Den Grünkohl waschen, trocken schütteln und die Blätter in mundgerechten Stücken von den Blattstängeln zupfen, die Stängel in feine Stückchen schneiden. Zwiebel, Knoblauch und Ingwer schälen und getrennt fein würfeln. Die Zitrone heiß waschen, abtrocknen und halbieren. Von einer Hälfte 3–4 Streifen Schale dünn abschneiden (sodass möglichst wenig Weißes an der Schale haftet) und den Saft auspressen, die andere Hälfte beiseitelegen. Kichererbsen in ein Sieb abgießen und kalt abbrausen.

2. Öl in einem Topf erhitzen, die Zwiebel und die Zimtstange darin bei kleiner bis mittlerer Hitze langsam andünsten, bis die Zwiebel goldgelb und weich ist. Knoblauch, Ingwer und klein geschnittene Grünkohlstiele dazugeben und kurz mitdünsten. Die gemahlenen Gewürze dazugeben und unter Rühren leicht anrösten. Mit 2–4 EL passierten Tomaten ablöschen und unter Rühren weiterbraten, bis sich alles gut verbunden hat. Süßkartoffel und Grünkohlblätter unterheben, salzen, pfeffern und 1–2 Min. andünsten, dabei aufpassen, dass nichts anbrennt, zur Not 2–4 EL Wasser dazugeben – das Gemüse sollte gerade eben mit der Würz-Tomaten-Mischung überzogen sein.

3. Übrige Tomaten, Kichererbsen und 300 ml Wasser dazugeben. Alles zugedeckt bei kleiner bis mittlerer Hitze 15–20 Min. garen, bis die Süßkartoffeln weich sind. Den Eintopf nochmals mit Salz, Pfeffer und 1–2 EL Zitronensaft abschmecken. Auf Teller verteilen, die übrige Zitronenhälfte halbieren und zum Beträufeln dazu servieren. Wer will, reicht dazu Baguette oder Fladenbrot.

DER MUTIGE TIPP Das Zusammenspiel zwischen wärmenden Gewürzen wie Kreuzkümmel und Zimt und frischer Zitrone macht den Reiz dieses Gerichts aus. Wer noch mehr in eine »warme« Richtung würzen möchte, schmeckt mit 1 TL Garam Masala statt mit Zitronensaft ab und serviert den Eintopf mit etwas Joghurt. Wer das Zitronige unterstreichen möchte, kann statt Zitrone die in Streifen geschnittene Schale einer eingelegten Salzzitrone mitgaren.

GRIECHISCHES BOHNENRAGOUT

Für 2 Personen | 20 Min. Zubereitung | 30 Min. Garen

1 Karotte
2 Stangen Staudensellerie
1 Zwiebel
2 Knoblauchzehen
4 EL Olivenöl zum Braten
1 EL Tomatenmark
1 Glas stückige Tomaten (ca. 350 g)
1 Lorbeerblatt
½ TL getrockneter Oregano
Salz - Pfeffer
1 Glas weiße (Riesen-) Bohnen (ca. 400 g Abtropfgewicht, ersatzweise selbst gekochte, siehe S. 10)

1. Karotte schälen, putzen, längs vierteln und die Viertel in kleine Stückchen schneiden. Staudensellerie waschen, putzen (Grün beiseitelegen), die Stangen längs halbieren oder dritteln und in ähnlich große Stücke wie die Karotten schneiden. Zwiebel und Knoblauch schälen und getrennt fein würfeln.

2. In einem Topf 3 EL Öl erhitzen, darin die Zwiebel langsam weich dünsten. Sellerie, Karotte und den Knoblauch dazugeben und bei mittlerer bis großer Hitze unter Rühren 3–5 Min. dünsten. Tomatenmark unterrühren und kurz anrösten, dann die Tomaten dazugeben. Mit Lorbeer, Oregano, Salz und Pfeffer würzen und mit aufgelegtem Deckel 15–20 Min. garen.

3. Inzwischen die Bohnen in ein Sieb abgießen, kalt abbrausen und abtropfen lassen. In den Topf geben und alles offen weitere 10 Min. bei mittlerer Hitze leicht köcheln lassen, damit die Bohnen das Aroma annehmen können. Selleriegrün waschen, trocken schütteln und fein zerschneiden.

4. Einen Teil des Selleriegrüns unter die Bohnen mischen. Mit Salz und Pfeffer abschmecken. Mit übrigem Olivenöl beträufeln und mit Selleriegrün bestreut servieren. Dazu passt eine dicke Scheibe knusprig geröstetes, gerne auch altbackenes Bauernbrot, das einfach warm mit einer halben Knoblauchzehe abgerieben wird.

MEIN TIPP

Wer die Möglichkeit hat, sollte hier einmal hocharomatischen griechischen Oregano verwenden oder vielleicht auch Bohnenkraut, das es inzwischen häufiger getrocknet zu kaufen gibt. Beides gedeiht in Griechenland wild und schmeckt intensiver als hiesiges. Wer die Möglichkeit hat, nimmt auch einmal etwas frischen Oregano, Bohnenkraut oder auch Majoran und gibt die Kräuter fein gehackt zum Eintopf – allerdings erst gegen Ende der Garzeit, da sich die enthaltenen ätherischen Würzöle durch das Garen buchstäblich in Luft auflösen.

DAL MIT AUBERGINEN

Für 2 Personen | 40 Min. Zubereitung

1 große Aubergine
Erdnussöl zum Braten
Salz – Pfeffer
1 Zwiebel
1 Knoblauchzehe
1 Stück frischer Ingwer (ca. 15 g)
100 g gelbe oder rote Linsen
1 TL indische Currypaste (aus dem Glas; ersatzweise Pulver, oder s. Tipp)
200 ml Gemüsebrühe
250 ml Kokosmilch (Tetrapak)
6 Stängel Koriandergrün
½ TL Chilipulver (nach Belieben)

1. Die Aubergine waschen, putzen, längs achteln und die Achtel einmal quer halbieren. In einer Pfanne mit hohem Rand und Deckel ausreichend Öl erhitzen, darin die Auberginenspalten auf allen Seiten braten, bis sie bräunen, dabei salzen und pfeffern. Anschließend herausnehmen und auf Küchenpapier abtropfen lassen.

2. Zwiebel, Knoblauch und Ingwer schälen und getrennt fein würfeln. 1 EL Öl in der noch warmen Pfanne erhitzen, die Zwiebel darin langsam weich und goldgelb dünsten. Gegen Ende Knoblauch und Ingwer dazugeben und kurz mitbraten. Linsen in ein Sieb geben, kalt abbrausen und abtropfen lassen. Currypaste oder -pulver in den Topf geben und kurz mitrösten, dann die Linsen dazugeben. Einmal gut umrühren, dann die Gemüsebrühe und die Hälfte der Kokosmilch dazugeben. Zugedeckt bei mittlerer Hitze 15 Min. köcheln lassen.

3. Inzwischen Koriandergrün waschen, trocken schütteln, Blättchen abzupfen und grob zerschneiden. Auberginen und übrige Kokosmilch unter die Linsen rühren und in 5–10 Min. fertig garen – die Linsen sollten am Ende weich sein und bereits leicht zerfallen, falls nötig, wenig Wasser dazugeben, damit die Linsen nicht ansitzen. Mit Salz, Pfeffer und – je nach Schärfe der Currypaste – noch mit Chilipulver abschmecken, einen Großteil Koriandergrün unterrühren und mit restlichem bestreut servieren. Wer mag, reicht (Basmati-)Reis dazu.

MEIN TIPP

Für eine selbst gemachte Currypaste 2 TL Kreuzkümmelsamen, je 1 TL Bockshornkleesamen, Korianderkörner und schwarze Senfsamen in einer Pfanne ohne Fett rösten, bis sie zu duften beginnen. Vom Herd nehmen und abkühlen lassen. Inzwischen 1 daumenstückgroßes Stück Ingwer und 2 Knoblauchzehen schälen und grob hacken. Mit den Gewürzen im Mörser fein zerreiben. Dann je 1 TL gemahlene Kurkuma, 1 TL edelsüßes Paprikapulver, ½–1 TL Chilipulver (je nach gewünschter Schärfe mehr oder weniger) und je ⅓ TL Zimtpulver und gemahlene Nelken untermischen. 2 EL Tomatenmark und so viel Erdnussöl (2–3 EL) unterrühren, dass eine dicke Paste entsteht. In ein sauberes Twist-off-Glas gefüllt hält sie mehrere Tage und kann für Currys unterschiedlichster Art verwendet werden.

DER MUTIGE TIPP Als Dal werden in Indien Gerichte mit Linsen oder anderen Hülsenfrüchten bezeichnet. Wer möchte, kann bei dieser Variante am Ende noch 1 Handvoll Babyspinat unter die Linsen rühren und zusammenfallen lassen. Und für ein bisschen mehr Würze: 1 knappen EL braune Senfsamen in 1–2 EL Butter langsam anrösten. Sie sollten dabei nicht zu heiß werden, sonst werden sie bitter. Den gesamten Pfanneninhalt über die fertigen Linsen träufeln.

SPANISCHES PAPRIKA-KICHERERBSEN-GEMÜSE

Für 2 Personen | 30 Min. Zubereitung

2 rote Spitzpaprika
1 kleine rote Zwiebel
1 Knoblauchzehe
2 Zweige Thymian
100 g Chorizo zum Braten (ersatzweise scharfe Salsicca)
Salz - Pfeffer
125 g Kirschtomaten
1 Glas Kichererbsen (ca. 230 g Abtropfgewicht, ersatzweise selbst gekochte, siehe S. 10)
6 Stängel Koriandergrün
2 Spritzer Zitronensaft

1. Die Paprika halbieren, weiße Trennwände und Kerne entfernen, waschen, längs in ca. 1 cm breite Streifen schneiden, diese in ca. 1 cm große Stücke. Zwiebel schalen und längs in dünne Spalten schneiden, Knoblauch schälen und klein würfeln. Thymian waschen, trocken schütteln, Blättchen abzupfen und fein hacken. Chorizo in 3–4 mm dicke Scheiben schneiden und je nach Größe halbieren oder vierteln.

2. Chorizo in einen Topf geben und bei mittlerer Hitze langsam braten, bis die Wurst leicht bräunt und ordentlich Fett austritt. Herausnehmen und etwas Bratfett im Topf lassen, den Rest weggießen. Darin Zwiebel, Knoblauch, Paprika und Thymian bei mittlerer bis großer Hitze unter Rühren anbraten, salzen und pfeffern. Mit 100 ml Wasser ablöschen und zugedeckt 5–10 Min. bei mittlerer Hitze schmoren.

3. Inzwischen Tomaten waschen und halbieren. Die Kichererbsen in ein Sieb abgießen und kalt abbrausen, abtropfen lassen. Beides mit der Chorizo unter das Paprikagemüse mischen und alles weitere 5–10 Min. zugedeckt bei kleiner Hitze garen, bis sich alle Aromen gut verbunden haben.

4. Währenddessen Koriandergrün waschen, trocken schütteln und grob zerschneiden. Das Gemüse mit Salz, Pfeffer und Zitronensaft abschmecken. Koriandergrün untermischen und servieren. Wer möchte, reicht dazu Fladenbrot, Reis, Bulgur oder auch mal Couscous.

DER MUTIGE TIPP

Wer möchte, brät mit Zwiebel und Knoblauch etwa 1/3 TL Kreuzkümmelsamen mit und würzt das Gericht zusätzlich noch mit ½–¾ TL Pimentón de la vera, geräuchertem Paprikapulver aus Spanien, das es in milder (dulce) und scharfer (forte) Variante zu kaufen gibt.

ZUCCHINI-KRÄUTER-COUSCOUS

Für 2 Personen | 30 Min. Zubereitung

Salz
2 Msp. gemahlene Kurkuma
125 g Instant-Couscous
1 TL Butter
2 kleinere Zucchini
1 Knoblauchzehe
1 Frühlingszwiebel
½ Bio-Zitrone
1 Bund Dill
8 StängelPetersilie
5 Stängel Minze
3 EL Olivenöl zum Braten
Pfeffer
150 g griechischer Joghurt
(10 % Fett)

1. In einem Topf 250 ml Wasser aufkochen, mit Salz und Kurkuma würzen. Couscous dazugeben und zugedeckt bei kleiner Hitze in 10 Min. gar ziehen lassen. Anschließend die Butter mit einer Gabel untermengen und den Couscous auflockern. Erneut 5 Min. zugedeckt bei ausgeschalteter Herdplatte nachquellen lassen.

2. Inzwischen Zucchini waschen, Enden abschneiden, die Zucchini längs vierteln (sehr große, dicke noch besser sechsteln), dann die Viertel in ca. 1 cm große Stücke schneiden. Knoblauch schälen und fein würfeln. Frühlingszwiebel waschen, putzen, trocken schütteln und mit dem Grün in Ringe schneiden. Zitrone waschen, abtrocknen, die Schale fein abreiben und den Saft auspressen. Kräuter waschen und trocken schütteln. Die Blättchen bzw. Dillspitzen abzupfen und getrennt grob zerschneiden.

3. Olivenöl in einer Pfanne erhitzen, Zucchini und Knoblauch darin unter gelegentlichem Rühren bei mittlerer Hitze braun anbraten. Salzen, pfeffern, eventuell 1–3 EL Wasser dazugeben, damit sie nicht anbrennen, und bei kleiner Hitze fertig garen.

4. Joghurt glatt rühren und 1 EL Dill untermischen, salzen und pfeffern. Zucchini, Frühlingszwiebeln, Zitronenschale und übrige Kräuter unter den Couscous heben und auf Teller verteilen. Joghurt darauf oder daneben anrichten und servieren.

DER MUTIGE TIPP

Kräutergrünes Couscous mit kühlendem Joghurt ist ein tolles Sommergericht – wer Lust hat, mischt noch ein paar Früchte der Saison unter. Ein paar feste Marillenspalten oder – besonders köstlich – Granatapfelkerne oder Ribisln, die neben feiner Säure noch saftig-fruchtig zwischen den Zähnen knacken.

SOBANUDELN MIT SPINAT

Für 2 Personen | 25 Min. Zubereitung

3 EL ungeschälter Sesam
250 g Blattspinat
1 Frühlingszwiebel
1 Knoblauchzehe
200 g Sobanudeln
(jap. Buchweizennudeln)
Salz
1 EL Misopaste
2 EL Tahin (Sesampaste)
3 EL Sojasauce oder Tamari
Saft von ½ Orange
2 EL Zitronensaft
Pfeffer
1 EL Sesamöl zum Braten
1 EL geröstetes Sesamöl
zum Verfeinern

1. Den Sesam in einer Pfanne ohne Fett rösten, bis er leicht bräunt und duftet, aus der Pfanne nehmen und abkühlen lassen. Spinat waschen, verlesen und putzen, möglichst gut trocken schütteln. Frühlingszwiebel waschen, trocken schütteln und mit dem Grün in Ringe schneiden. Knoblauch schälen und fein würfeln.

2. Sobanudeln nach Packungsanweisung in leicht gesalzenem Wasser garen, in ein Sieb abgießen, kalt abbrausen und abtropfen lassen. Falls nötig, zugedeckt warm halten. Inzwischen Miso, Tahin, 1 TL Sojasauce, Orangen- und Zitronensaft verrühren, salzen und pfeffern. Das Dressing sollte eher dickflüssig sein. Wer möchte, kann noch kaltes Wasser unterrühren, bis die gewünschte Konsistenz erreicht ist.

3. Öl in einer Pfanne erhitzen, darin den Knoblauch andünsten. Spinat dazugeben und bei großer Hitze unter gelegentlichem Rühren zusammenfallen lassen – dabei sollte möglichst viel Flüssigkeit verdampfen. Mit übriger Sojasauce ablöschen, salzen und pfeffern.

4. Die Sobanudeln, geröstetes Sesamöl und gut jeweils die Hälfte Sesam und Frühlingszwiebeln zum Spinat geben, alles gründlich durchmischen und, falls nötig, nochmals warm werden lassen. Auf Schalen verteilen, das Dressing darüberträufeln und mit übrigem Sesam und übrigen Frühlingszwiebeln bestreuen. Das Ganze vor dem Essen am besten nochmals durchmischen. Wer richtig großen Hunger hat: Fisch mit Misobutter (siehe S. 82) ist eine wunderbare Ergänzung.

MEIN TIPP

Bei Spinat am besten Ausschau nach Wurzelspinat halten. Der ist etwas robuster und hat dickere Stiele, schmeckt aber wesentlich intensiver als normaler Blatt- oder gar Babyspinat. Wer die Möglichkeit hat, versucht anstelle von Spinat einmal junge Brennnesseln, die im Prinzip wie Spinat zubereitet werden können – einfach köstlich! Wer möchte, kann noch etwas fein gehackten Ingwer mit dem Knoblauch andünsten und/oder den Spinat zusätzlich mit etwas Chili(flocken) würzen.

MEINE SCHINKENFLECKERL

Für 2 Personen | 25 Min. Zubereitung

200 g Nudeln (Fleckerl, ersatzweise zerbrochene Lasagneblätter)
Salz
1 große Zwiebel
3 Knoblauchzehen
120 g gekochter Schinken (z. B. Prager Schinken, in dickeren Scheiben)
2 EL Butter
1 Bund Schnittlauch
Pfeffer
2 Msp. getrockneter Majoran
1 TL edelsüßes Paprikapulver
½ TL Ajowan (Königskümmel; nach Belieben)

1. Die Nudeln nach Packungsanweisung in kochendem Salzwasser garen – nicht zu weich, eher gut al dente –, anschließend abgießen und abtropfen lassen. Währenddessen Zwiebel und Knoblauch schälen und getrennt klein würfeln. Die Schinkenscheiben übereinanderlegen und in ca. 1 cm große Würfel schneiden.

2. Butter in einer Pfanne mit hohem Rand erhitzen, darin die Zwiebel bei kleiner bis mittlerer Hitze langsam goldgelb dünsten – das kann schon einmal 10 Min. dauern. Inzwischen den Schnittlauch waschen, trocken schütteln und in Röllchen schneiden.

3. Wenn die Zwiebeln leicht zu bräunen beginnen, den Knoblauch dazugeben und kurz mitdünsten. Schinken unterrühren und 1–2 Min. unter Rühren mitbraten. Dann die Nudeln untermischen und mit Salz, Pfeffer, Majoran, Paprika und nach Wunsch Ajowan würzen. Einen Teil Schnittlauch unterheben, den Rest über die Fleckerl streuen und sofort servieren. Dazu passt ein grüner Salat.

MEIN TIPP

Für Schinkenfleckerl lassen sich natürlich auch wunderbar übrige Nudelreste verwerten. Neben den einfachen Fleckerln in der Pfanne lässt sich daraus auch ein Auflauf zaubern: Dazu einfach 200 g Obers mit 1 Ei verquirlen und leicht mit Salz, Pfeffer und Muskatnuss würzen. Einfach mit den gegarten Schinkenfleckerln in einer ofenfesten Pfanne mischen und nach Wunsch mit Parmesan oder Käse bestreuen. Bei 180° im heißen Ofen (Mitte) ca. 15 Min. überbacken. Egal, ob als Auflauf oder einfach aus der Pfanne – dazu passt immer ein frischer grüner Salat!

3.

ETWAS FISCH UND FLEISCH …

… WENN, DANN ABER RICHTIG GUT

Ganz ohne wäre für mich ein Verlust. ETWAS FISCH UND FLEISCH dürfen für mich ab und an schon sein. Nicht in riesigen Mengen und aus wesensgemäßer Haltung in ÖKO-QUALITÄT. Besonders praktisch für meine kleine Küche: Faschiertes und Kurzgebratenes.

ITALIENISCHE HACKBÄLLCHEN

Für 2 Personen | 30 Min. Zubereitung | 30 Min. Ruhen

1 Zwiebel
1 Knoblauchzehe
Olivenöl zum Braten
8 Stängel Petersilie
300 g Faschiertes vom Rind
3 EL Semmelbrösel
2 EL Ricotta (ersatzweise magerer Topfen)
1 Ei (Größe S)
Salz - Pfeffer
⅓ TL getrockneter Oregano

1. Zwiebel und Knoblauch schälen und getrennt fein würfeln. 1 EL Öl in einer Pfanne erhitzen, darin die Zwiebel langsam bei mittlerer Hitze goldgelb und weich dünsten, gegen Ende den Knoblauch dazugeben und kurz mitdünsten. Inzwischen Petersilie waschen, trocken schütteln, Blättchen abzupfen und fein zerschneiden.

2. Petersilie zur Zwiebel geben, einmal durchrühren und vom Herd nehmen. Zum Faschierten in eine Schüssel geben. 2 EL Semmelbrösel, Ricotta und das Ei dazugeben, kräftig mit Salz, Pfeffer und Oregano würzen. Alles gründlich mit den Händen untereinanderkneten, bis sich alles zu einer gleichmäßigen Masse verbunden hat, dabei eventuell restliche Semmelbrösel dazugeben. Wenn möglich, 15–30 Min. zugedeckt in den Kühlschrank stellen.

3. Aus dem Fleischteig ca. 10 etwa gleich große Laiberl formen, das geht am besten, wenn die Hände vorher mit etwas Wasser angefeuchtet werden. Ausreichend Olivenöl in einer Pfanne erhitzen und die Laiberl darin rundum bei mittlerer Hitze in 8–10 Min. braun braten. Wer möchte, serviert die Laiberl mit Tomatensauce (siehe S. 104) – kann sie sogar darin einlegen und noch 2–3 Min. ziehen lassen. Mit Ciabatta, Pasta oder Reis servieren.

DER MUTIGE TIPP

Wer möchte, mischt noch ½ TL gehackte Fenchelsamen unter das Faschierte.

ORIENTALISCHE HACKBÄLLCHEN

Für 2 Personen | 30 Min. Zubereitung | 30 Min. Ruhen

1 Stück Weißbrot oder Brötchen vom Vortag (ca. 25 g)
4–8 EL Milch
300 g Faschiertes vom Lamm oder Rind
1 Zwiebel
1 Knoblauchzehe
3 Stängel Minze
1 Ei (Größe S)
½ TL edelsüßes Paprikapulver
½ TL gemahlener Kreuzkümmel
¼ TL Zimtpulver
Salz – Pfeffer
Olivenöl zum Braten

Zum Anrichten:
1 in Ringe geschnittene (rote) Zwiebel
Gurkenscheiben
1 Handvoll Kirschtomaten

1. Brot klein zerzupfen und in einem Schälchen mit der Milch beträufeln – je nachdem, wie trocken das Brot ist, braucht man eventuell mehr oder weniger Milch, um es weich, aber nicht zu feucht zu bekommen. Kurz ziehen lassen, dann gut mit den Händen durchkneten, bis eine weiche, homogene Masse entstanden ist. Zum Faschierten in eine Schüssel geben. Zwiebel und Knoblauch schälen. Die Zwiebel auf einer Gemüsereibe möglichst fein direkt in die Schüssel reiben. Knoblauch schälen und fein würfeln, ebenfalls dazugeben.

2. Minze waschen, trocken schütteln, Blättchen abzupfen und fein zerschneiden. Mit dem Ei und den Gewürzen zum Faschierten geben, salzen und pfeffern. Alles mit den Händen kräftig mischen, bis eine glatte, glänzende Masse entstanden ist. Möglichst noch 15–30 Min. zugedeckt in den Kühlschrank stellen.

3. Aus dem Fleischteig ca. 10 etwa gleich große Laiberl formen. Das geht am besten, wenn die Hände vorher mit etwas Wasser angefeuchtet werden. Ausreichend Olivenöl in einer Pfanne erhitzen und die Laiberl darin rundum bei mittlerer Hitze in 8–10 Min. braun braten. Nach Belieben mit (roten) Zwiebelringen, Gurkenscheiben und Tomaten zu Fladenbrot servieren.

MEIN TIPP

Noch besser machen sich die gut gewürzten Laiberl auf einem Bett aus kühlem Joghurt. Dazu 200–300 g griechischen Joghurt (10 % Fett) auf einem Teller verteilen. 2 EL Butter in einem Pfännchen erhitzen und kurz aufschäumen, dann ¾ TL edelsüßes Paprikapulver unterrühren. Kurz ziehen, aber nicht zu heiß werden lassen, sonst schmeckt das Paprikapulver später bitter. Leicht salzen. Faschierte Laiberl auf dem Joghurt verteilen und alles mit flüssiger, warmer Paprikabutter beträufeln.

BULGURSALAT MIT FASCHIERTEM

Für 2 Personen | 30 Min. Zubereitung

200 ml Gemüsebrühe
100 g Bulgur
1 Zwiebel
1 Knoblauchzehe
1 rote Spitzpaprika
5 EL Olivenöl
200 g Faschiertes vom Rind
¼ TL gemahlene Kurkuma
¾ TL gemahlener Kreuzkümmel
1–2 EL Rosinen
Salz - Pfeffer
½ Bio-Zitrone
1 dicke Karotte
½ Bund Koriandergrün
⅓ Bund Petersilie

1. Die Gemüsebrühe zum Kochen bringen. Bulgur einrühren und einmal aufkochen lassen. Auf kleiner Hitze 10–15 Min. zugedeckt garen. Herd ausschalten und den Bulgur weitere 5–10 Min. nachquellen lassen.

2. Inzwischen Zwiebel und Knoblauch schälen und getrennt fein würfeln. Spitzpaprika waschen, halbieren, weiße Trennwände und Kerne entfernen und quer in dünne Streifen schneiden. 2 EL Öl in einer Pfanne erhitzen, darin die Zwiebel langsam bei mittlerer Hitze goldgelb dünsten. Knoblauch und Paprika dazugeben und bei mittlerer bis großer Hitze 1–2 Min. unter Rühren braten.

3. Faschiertes dazugeben und bei großer Hitze anbraten, dabei mit einem Holzlöffel zerteilen und in der Pfanne bewegen, bis es krümelig und braun gebraten ist. Kurkuma und Kreuzkümmel unterrühren und 1–2 Min. unter Rühren anrösten. Rosinen und 2–3 EL Wasser dazugeben, salzen, pfeffern und bei kleiner bis mittlerer Hitze garen, bis die Flüssigkeit verdampft ist und sich die Aromen verbunden haben.

4. Die Zitrone heiß waschen und abtrocknen. Die Schale fein abreiben und den Saft auspressen. ⅓ TL Schale mit 2 EL -saft und dem übrigen Öl verquirlen, mit Salz und Pfeffer würzen. Als Dressing unter den (gerne noch warmen Bulgur) mischen. Karotte putzen, schälen und auf der Rohkostreibe grob raspeln.

5. Die Kräuter waschen, trocken schütteln, Blättchen abzupfen und nicht zu fein zerschneiden. Faschiertes mit der Karotte und einem Großteil der Kräuter unter den Bulgur mischen. Mit Salz, Pfeffer und Zitronensaft abschmecken und mit übrigen Kräutern bestreuen. Nach Wunsch lauwarm genießen oder vollständig abkühlen lassen (dann die Kräuter erst kurz vor dem Essen untermischen).

DER MUTIGE TIPP Für diesen Salat lässt sich natürlich auch gegarter Bulgur (oder auch Couscous) vom Vortag verwenden. Es braucht dann rund 350 g davon. Anstelle von Karotte passen auch kleine rohe und knackige Gurken, Sellerie- oder Kohlrabiwürfel – alles, was schmeckt und gerade im Haus ist! Auch mit den Rosinen lässt sich experimentieren: Man kann sie nach Belieben durch klein gehackte Datteln oder Korinthen ersetzen.

ORIENTALISCHE REISPFANNE

Für 2 Personen | 30 Min. Zubereitung

100 g Reis (z. B. Basmati-Reis)
1 große Zwiebel
1 Knoblauchzehe
1 rote Chilischote
40 g Pinienkerne
2 EL Olivenöl
250 g Faschiertes vom Rind
1 TL gemahlener Kreuzkümmel
½ TL Zimtpulver
⅓ TL gemahlener Piment
Salz - Pfeffer
300 ml Gemüsebrühe (ersatzweise Wasser)
2 Frühlingszwiebeln
1 Bund Petersilie

1. Reis in einem Sieb kalt abbrausen und abtropfen lassen. Zwiebel und Knoblauch schälen und getrennt klein würfeln. Chilischote waschen, halbieren, weiße Trennwände und Kerne entfernen und fein hacken. Pinienkerne in einer Pfanne ohne Fett rösten, bis sie zu duften und zu bräunen beginnen. Herausnehmen und beiseitestellen.

2. Das Öl in die Pfanne geben und heiß werden lassen. Darin die Zwiebel langsam weich und hellbraun dünsten. Gegen Ende Knoblauch und Chili unterrühren. Faschiertes dazugeben und unter Rühren mit einem Holzlöffel krümelig und braun anbraten. Die Gewürze unterrühren, salzen und pfeffern. Reis dazugeben und unter Rühren 1 Min. mitdünsten, dann die Brühe dazugeben. Alles einmal aufkochen und 1-2 Min. kochen lassen, die Hitze reduzieren. Den Reis bei kleiner Hitze in 20-25 Min. zugedeckt gar kochen. Falls nötig, wenig Wasser dazugeben.

3. Inzwischen Frühlingszwiebeln putzen, waschen, trocken schütteln und mit dem Grün in Ringe schneiden. Die Petersilie waschen, trocken schütteln, Blättchen abzupfen und grob zerschneiden.

4. Den fertigen Reis evtl. nochmals mit Salz und Pfeffer abschmecken und mit einer Gabel auflockern, dabei die Hälfte der Frühlingszwiebeln und der Petersilie untermischen. Auf Teller verteilen und mit übrigen Frühlingszwiebeln, Petersilie und den Pinienkernen bestreuen.

RINGERLIDEE

Noch Reispfanne übrig? Wie wär's dann mit gefülltem Gemüse: Dazu einfach halbierte Paprika oder ausgehöhlte kleine Zucchini mit der Reismischung füllen (wer will, zerbröckelt noch etwas Schafskäse (Feta) und mischt ihn vorher unter den Reis). Die Gemüse dann in eine mit wenig Öl ausgestrichene Form setzen und im heißen Ofen (Mitte) in 20–25 Min. bei 200° weich garen.

ZUCCHININUDELN MIT SCHARFEM ASIA-HACK

Für 2 Personen | 25 Min. Zubereitung

2 Zucchini (à 300 g)
Salz
3 EL Sojasauce oder Tamari
3 EL Weißweinessig
1 EL Honig
1 TL Chilisauce (z. B. Sriracha)
50 g Zuckerschoten
2 Knoblauchzehen
15 g frischer Ingwer
1 kleines Bund Frühlingszwiebeln
3 EL Olivenöl
300 g gemischtes Faschiertes
Pfeffer
1 EL Tomatenmark (nach Belieben)

1. Von den Zucchini die Enden abschneiden, waschen, dann mit einem Spiralschneider (alternativ, wenn auch zeitaufwendiger, mit dem Sparschäler) in dünne Streifen schneiden. In ein Sieb geben leicht salzen und abtropfen lassen.

2. Währenddessen Sojasauce, Essig, Honig und Chilisauce mit 3 EL heißem Wasser gründlich verrühren. Zuckerschoten waschen, Enden abknipsen, die Schoten häufchenweise übereinanderlegen und mit einem scharfen Messer schräg in feine Streifen schneiden. Knoblauch und Ingwer schälen und fein hacken. Frühlingszwiebeln putzen, waschen, trocken schütteln, den weißen Teil längs vierteln, die Viertel in feine Stücke schneiden, den grünen Teil getrennt in Ringe schneiden.

3. Wasser zum Kochen bringen. Zucchini in eine Schüssel geben, mit kochendem Wasser übergießen und kurz heiß werden lassen. Gleichzeitig in einer beschichteten Pfanne das Öl stark erhitzen und das Faschierte darin krümelig braun braten, zwischendurch mit einem Holzlöffel immer wieder zerteilen. Leicht salzen und pfeffern, Tomatenmark, weiße Zwiebelstückchen, Ingwer und Knoblauch unterrühren und weitere 2–3 Min. unter Rühren bei mittlerer Hitze braten. Würzsauce und Zuckerschoten dazugeben und 1–2 Min. weiterbraten, dabei alles gründlich untereinanderrühren.

4. Zucchininudeln in ein Sieb abgießen und abtropfen lassen. Gleich mit dem Faschierten in der Pfanne mischen und kurz ziehen lassen, alternativ auf Teller verteilen und Fleisch daraufgeben – auf jeden Fall aber mit reichlich Zwiebelgrün bestreuen und zügig servieren!

MEIN TIPP

Ein richtig schlankes Rezept, bei dem die etwas geschmacksneutralen Zucchininudeln einen ordentlichen Aromaschub durch das gut gewürzte Faschierte erhalten. Im Sommer lässt sich das Ganze auch eher »salatig« zubereiten. Die gesalzenen Zucchini dann nur in einem Sieb kalt abbrausen und abtropfen und direkt mit dem Faschierten mischen. Die Sauce schmeckt natürlich auch zu normalen Nudeln.

KNUSPERHENDL MIT SPARGEL

Für 2 Personen | 25 Min. Zubereitung

500 g grüner Spargel
1 Knoblauchzehe
2 Hühnchenbrustfilets
(à ca. 150 g)
Salz - Pfeffer
50 g Pankobrösel
(ersatzweise Semmelbrösel,
siehe Tipp)
Olivenöl zum Braten
3 EL Tamari oder Sojasauce
(siehe Tipp)
Saft von ½ Orange
1 Handvoll Kirschtomaten
(nach Belieben)

1. Den Spargel waschen, die Enden abschneiden und die Stangen im unteren Drittel schälen. Die Stangen einmal längs halbieren. Knoblauch schälen und in Scheiben schneiden. Hühnchenbrustfilets in jeweils 4–6 Stücke schneiden. Sehr dicke Stücke einmal längs flach durchschneiden, sodass alle Stücke möglichst gleichmäßig dünn sind. Salzen und pfeffern. Pankobrösel in einen tiefen Teller geben.

2. In einer Pfanne 3 EL Olivenöl erhitzen, darin den Spargel bei mittlerer bis großer Hitze in 3–5 Min. unter häufigem Wenden leicht braun und bissfest braten, gegen Ende den Knoblauch dazugeben. Hitze reduzieren, mit Tamari oder Sojasauce ablöschen, dann sofort den Orangensaft dazugeben. Den Spargel noch 1–3 Min weitergaren, je nachdem, wie fest man ihn mag. Falls nötig, noch esslöffelweise etwas Wasser dazugeben, damit der Spargel nicht anbrennt.

3. Gleichzeitig in einer zweiten Pfanne reichlich Öl (3–4 mm hoch) stark erhitzen. Die Fleischstücke in den Pankobröseln wenden und leicht andrücken. Ins heiße Fett geben und die Hitze sofort reduzieren. Beidseitig in jeweils 2–3 Min. goldbraun und knusprig braten, auf einen mit Küchenpapier ausgelegten Teller legen und abtropfen lassen, falls nötig, noch im 90° warmen Ofen warm halten.

4. Den Spargel auf Tellern anrichten, die Hühnchenstücke darauf verteilen. Wer möchte, mischt noch ein paar halbierte, leicht gesalzene und gepfefferte Kirschtomaten unter den Spargel.

DER MUTIGE TIPP

Wer möchte, kann das Hühnchenfleisch anstelle von Panko mit Sesam panieren. Als zusätzliche Würze für den Spargel passt etwas Shichimi togarashi – eine japanische Gewürzmischung auf Grundlage von Sesamsamen, Chiliflocken, Nori-Algen, Sanshopfeffer und manchmal noch Mandarinenschalen und Mohnsamen. Einfach etwas davon über den fertigen Spargel streuen.

MEIN TIPP

Japanische Pankobrösel sind etwas grober, dafür lockerer als unsere Semmelbrösel und werden beim Braten knuspriger. Man bekommt sie in asiatischen Lebensmittelgeschäften oder gut sortierten Supermärkten.

HÜHNERGESCHNETZELTES MIT SCHWAMMERLN

Für 2 Personen | 30 Min. Zubereitung

300 g Hühnerbrustfilet
250 g braune Champignons
2 Schalotten
2 ½ EL Butterschmalz
Salz - Pfeffer
1 EL Mehl
100 ml trockener Weißwein
(ersatzweise Hühnerbrühe)
150 ml Hühnerbrühe
(oder Fond aus dem Glas)
150 g Obers
½ Bund (krause) Petersilie
½ Bio-Zitrone
¼ TL edelsüßes
Paprikapulver

1. Fleisch in Stücke schneiden oder »schnetzeln«. Die Champignons putzen, bei Bedarf mit einem Tuch abreiben und in ca. 3 mm dicke Scheiben schneiden. Schalotten schälen und fein würfeln. In einer Pfanne 1 EL Butterschmalz erhitzen, darin das Fleisch rundum leicht braun braten, salzen und pfeffern. Herausnehmen und beiseitestellen.

2. Wieder 1 EL Butterschmalz in die Pfanne geben und erhitzen, darin die Pilze bei großer Hitze 3–4 Min. unter häufigerem Rühren braten, sie dürfen ruhig leicht bräunen und es soll so viel Flüssigkeit wie möglich verdunsten bzw. gar nicht erst austreten. Pilze salzen, pfeffern, herausnehmen und beiseitestellen.

3. Übriges Butterschmalz in die Pfanne geben, darin die Schalotten langsam goldgelb andünsten. Mehl darüberstreuen und nur kurz unter Rühren anschwitzen - es reichen ein paar Sekunden, das Mehl sollte weder bräunen noch ansitzen. Mit Wein ablöschen und alles um gut die Hälfte einkochen lassen.

4. Brühe angießen und alles offen bei mittlerer Hitze um etwa die Hälfte einkochen, dann Obers dazugeben und bei mittlerer Hitze in 8–12 Min. zu einer sämigen Sauce einkochen lassen. Währenddessen Petersilie waschen, trocken schütteln, Blättchen abzupfen und grob zerschneiden. Zitrone heiß waschen, abtrocknen, Schale fein abreiben und den Saft auspressen.

5. Hühnchenfleisch samt Bratensaft und Pilzen in die Sauce geben und heiß werden lassen. ½ TL Zitronenschale unterrühren und kurz mitziehen lassen, dann mit ein paar Spritzern Zitronensaft, Salz, Pfeffer und Paprikapulver würzen. Petersilie unterrühren. Dazu passt Reis, Spätzle (siehe S. 132) oder Bandnudeln.

DER MUTIGE TIPP

Wer möchte, kehrt noch etwas mehr den leicht säuerlichen, zitronigen Charakter des Gerichts heraus: dazu bereits zu den angedünsteten Zwiebeln klein gehackte Blättchen von 2–3 Zweigen Zitronenthymian geben oder etwas mehr Zitronenschale verwenden und einen Teil der Petersilie durch Zitronenmelisse ersetzen. Ganz Mutige können 1 EL Sumach oder Za'atar aufstreuen. Anstelle von Champignons lassen sich natürlich auch andere Zucht- oder Waldpilze verwenden.

WOK-RINDFLEISCH MIT MANGOLD

Für 2 Personen | 30 Min. Zubereitung

150 g Rumpsteak (ersatzweise Filetsteak)
1–3 Knoblauchzehen
1 kleine rote Chilischote
3 EL Sojasauce
1 TL trockener Sherry (nach Belieben)
Erdnussöl
120 g (Vollkorn-)Mie-Nudeln (chin. Instantnudeln, ersatzweise Soba- oder Glasnudeln, s. Tipp)
1 Stück frischer Ingwer (ca. 15 g)
1 rote Zwiebel
1 rote Spitzpaprika
4 große Stängel bunter Mangold (siehe Tipp)
½ Bund Koriandergrün
Salz – Pfeffer
125 ml Rinderbrühe
2 EL Hoisinsauce

1. Rindfleisch in schmale, dünne Streifen schneiden. Knoblauch schälen und klein würfeln. Chilischote waschen, halbieren, weiße Trennwände und Kerne entfernen. Dann die Schote möglichst winzig klein würfeln. Die Hälfte von Knoblauch und Chili mit 1 EL Sojasauce, nach Belieben Sherry und 1 TL Öl verrühren, das Fleisch untermischen und kurz ziehen lassen.

2. Inzwischen die Nudeln nach Packungsanweisung zubereiten, in ein Sieb abgießen und abtropfen lassen. Ingwer schälen und fein würfeln, die Zwiebel schälen und längs in schmale, dünne Spalten schneiden. Paprikaschote waschen, halbieren, weiße Trennwände und Kerne entfernen und quer in ca. 1 cm breite Streifen schneiden.

3. Mangold waschen und putzen, die Blätter von den Stielen schneiden, die Stiele quer in ca. 3 mm dicke Streifen schneiden. Sehr breite Stiele vorher einmal längs halbieren. Die Blätter einmal längs halbieren und quer in 2 cm breite Streifen schneiden. Koriandergrün waschen, trocken schütteln, Blättchen abzupfen und grob zerschneiden.

4. Einen Wok oder eine Pfanne mit hohem Rand erhitzen, dann ausreichend Öl hineingeben und heiß werden lassen. Das Fleisch samt Marinade darin bei großer Hitze kurz und scharf braun anbraten, salzen, pfeffern und herausnehmen. Eventuell wenig Öl nachgießen und heiß werden lassen, dann Zwiebel, übrigen Knoblauch, Ingwer, Paprika und Mangoldstiele hineingeben und unter Rühren 2–4 Min. braten, mit 2 EL Sojasauce ablöschen. Sofort Brühe und Hoisinsauce unterrühren und alles bei mittlerer Hitze unter gelegentlichem Rühren 2–3 Min. garen

5. Mangoldblätter dazugeben und bei mittlerer Hitze unter Rühren zusammenfallen lassen. Dann die Nudeln und das Fleisch (samt Bratensaft) untermischen und unter Rühren warm werden lassen. Koriandergrün untermischen und sofort auf Teller oder Schalen verteilen und servieren.

DER MUTIGE TIPP

Wer sie bekommt, nimmt anstelle von Ingwer frische Galgantwurzel, die durch etwas feinere zitrusartige Aromen besticht.

MEIN TIPP

Chinesische Mie-Nudeln sind genau wie japanische Sobanudeln oder Glasnudeln ideal für die schnelle Küche, da sie nur kurz in Wasser gegart werden müssen. Ich wechsle dabei gerne ab und verwende, was ich gerade noch im Vorrat habe! Buntstieliger Mangold wird inzwischen bereits in vielen Supermärkten angeboten. Je nach Farbe schmeckt er mehr oder weniger intensiv. Gelber ist milder als orange- oder roséfarbener, am kräftigsten ist dunkelroter, dessen Aroma leicht an Rote Bete erinnert – mein Favorit in diesem Rezept!

TERIYAKI-SCHNITZELCHEN MIT GURKENSALAT

Für 2 Personen | 30 Min. Zubereitung

30 g frischer Ingwer
1 große Knoblauchzehe
3 EL Sake (ersatzweise trockener Sherry oder Mirin)
2 EL Zucker
7 EL Sojasauce
1 Bio-Salatgurke
3 EL Weißweinessig
Salz - Pfeffer
2 Msp. Chiliflocken
2 Frühlingszwiebeln
6 Minuten-Steaks vom Rind (à ca. 60 g; Filet- oder Rumpsteak)
2 EL Erdnussöl zum Braten

1. Ingwer und Knoblauch schälen, Knoblauchzehe halbieren. Zwei Drittel vom Ingwer und 1 Knoblauchhälfte in Scheiben schneiden. Mit Sake, 1 ½ EL Zucker und 5 EL Sojasauce mischen und möglichst noch 15 Min. ziehen lassen.

2. Inzwischen die Gurke waschen, die Enden abschneiden und die Gurke in dünne Scheiben hobeln oder schneiden. Übrigen Knoblauch und Ingwer fein hacken. Essig mit übriger Sojasauce und übrigem Zucker verrühren, bis sich dieser gelöst hat. Ingwer und Knoblauch unterrühren und mit Salz, Pfeffer und 1–2 Msp. Chiliflocken abschmecken. Das Dressing gründlich mit der Gurke mischen, ziehen lassen.

3. Frühlingszwiebeln waschen, trocken schütteln, den grünen und weißen Teil getrennt in dünne Ringe schneiden. Die Schnitzelchen mit dem Handballen leicht flach drücken, nur leicht salzen und pfeffern. Öl in einer Pfanne erhitzen, die Schnitzel darin bei großer Hitze beidseitig jeweils 1 Min. scharf anbraten, herausnehmen.

4. Saucenmischung in die Pfanne geben und einmal bei großer Hitze aufkochen lassen, dann 75 ml Wasser dazugeben und alles bei großer Hitze unter Rühren richtig sprudelnd kochen lassen, bis die Sauce sirupartig dicklich eingekocht ist. Das Fleisch (samt eventuell ausgetretenem Bratensaft) einlegen, Hitze reduzieren und die Schnitzel etwa 1-2 Min. lang in der Sauce wenden, bis sie wieder warm und schön mit Sauce überzogen sind.

5. Schnitzel auf Teller geben, mit restlicher Sauce aus der Pfanne beträufeln und mit weißen Zwiebelringen bestreuen. Gurkensalat mit Salz und Pfeffer abschmecken. Die grünen Zwiebelringe unter den Salat mischen und zu den Schnitzelchen servieren.

DER MUTIGE TIPP

Noch feiner schmeckt der Salat, wenn am Ende 1–2 TL geröstetes Sesamöl und/oder 1 EL (möglichst kurz in der Pfanne ohne Fett angeröstete) Sesamsamen untergemischt werden. Das Gericht schmeckt auch köstlich mit gedünstetem Brokkoli, der einfach mit etwas Gomasio (siehe S. 88) überstreut werden kann.

LAMMFILETS AUF KAROTTENZAZIKI

Für 2 Personen | 30 Min. Zubereitung

25 g Walnusskerne
2 große, dicke Karotten (ca. 300 g)
4 Knoblauchzehen
4 EL Olivenöl zum Braten
Salz - Pfeffer
⅓ TL gemahlener Kreuzkümmel
2 Msp. Chiliflocken
6 Lammfilets (à ca. 60 g)
½ Bund Schnittlauch
2 Zweige Rosmarin
1 TL Butter
200 g griechischer Joghurt (10 % Fett)
2 Spritzer Zitronensaft

1. Walnüsse in einer Pfanne ohne Fett rösten, bis sie leicht bräunen und duften, herausnehmen und abkühlen lassen. Währenddessen Karotten schälen, putzen und auf der Rohkostreibe grob raspeln. 1 Knoblauchzehe schälen und fein würfeln.

2. In einer beschichteten Pfanne 2 EL Öl erhitzen, darin den Knoblauch andünsten. Karotten dazugeben und unter Rühren bei mittlerer Hitze 4–5 Min. braten, bis sie weich sind, aber noch etwas Biss haben, dabei sollte möglichst viel Flüssigkeit verdampfen. Mit Salz, Pfeffer, Kreuzkümmel und Chiliflocken würzen. Mindestens lauwarm abkühlen lassen.

3. Inzwischen Walnüsse grob hacken. Von den Lammfilets, falls nötig, die Silberhäutchen (die dünne weißliche Haut) wegschneiden. Schnittlauch waschen, trocken schütteln und in längere Röllchen schneiden. Übrige Knoblauchzehen mit dem Handballen oder einem schweren Gegenstand mitsamt der Schale leicht andrücken. Rosmarin waschen und trocken schütteln.

4. Übriges Öl in einer Pfanne erhitzen, Lammfilets, Rosmarin und angedrückten Knoblauch dazugeben und bei großer Hitze rundum 2 Min. anbraten. Mit Salz und Pfeffer würzen, Butter dazugeben und kurz aufschäumen lassen, Pfanne vom Herd nehmen und die Filets kurz ruhen lassen.

5. Währenddessen Joghurt mit Walnüssen und Karotten mischen und einen großen Teil des Schnittlauchs unterrühren. Mit Salz, Pfeffer und Zitronensaft abschmecken, dann auf Teller verteilen. Filets aus der Pfanne nehmen, schräg in Stücke schneiden und auf dem Karottenzaziki verteilen. Mit etwas Bratbutter beträufeln und alles mit übrigem Schnittlauch bestreuen. Wer möchte, serviert dazu etwas Fladenbrot oder geröstetes Bauernbrot.

OFENLACHS MIT KRÄUTERN

Für 2 Personen | 25 Min. Zubereitung

400 g Lachsfilet
(aus Wildfang, ohne Haut,
möglichst gleichmäßig dick)
1 Bio-Zitrone
8 Stängel Petersilie
6 Stängel Dill
3 Stängel Estragon
3 EL Olivenöl zum Braten
Salz - Pfeffer

1. Den Backofen auf 180° vorheizen. Den Lachs kalt abspülen und trocken tupfen, das Fischfilet nach eventuell noch enthaltenen Gräten absuchen und diese herauszupfen - das geht übrigens mit einer normalen, sauberen Pinzette fast ebenso gut wie mit einer speziellen Grätenpinzette. Braune Stellen auf der Unterseite möglichst noch wegschneiden, sie können leicht tranig schmecken.

2. Zitrone heiß waschen, eine Hälfte in möglichst dünne Scheiben schneiden, den Saft der anderen Hälfte auspressen. Die Kräuter waschen und trocken schütteln. Eine möglichst passende ofenfeste Form mit 1 EL Öl auspinseln, 2 Dill- und 3 Petersilienstängel darin auslegen und den Lachs darauf platzieren. Von den übrigen Kräutern die Blättchen bzw. Spitzen abzupfen, fein hacken und gut mischen.

3. Das Lachsfilet salzen und pfeffern, dann die gehackten Kräuter gleichmäßig darauf verteilen und leicht festdrücken. 2 EL Zitronensaft und übriges Öl darüberträufeln. Dann die Zitronenscheiben leicht überlappend oder dicht an dicht so auf dem Filet verteilen, dass es möglichst vollständig abgedeckt ist. Im heißen Ofen (Mitte) ca. 15 Min. garen. Zitronenscheiben vor dem Essen entfernen.

MEIN TIPP

Der Lachs schmeckt wunderbar zu jungen Frühkartöffelchen, Erdäpfelpüree oder Reis und zarten Frühlingsgemüsen. Wer möchte, macht gleich etwas mehr davon und genießt ihn am nächsten Tage zerpflückt und mit etwas frischen Kräutern, klein gewürfelter Salatgurke und Frischkäse angemacht auf einem Brot oder Sandwich oder toppt damit einen grünen oder Erdäpfelsalat.

FISCH MIT MISOBUTTER AUF PAK CHOI

Für 2 Personen | 30 Min. Zubereitung

1 Stück Ingwer (ca. 15 g)
1 Knoblauchzehe
25 g weiche Butter
1 TL Misopaste (siehe Tipp)
⅓ TL abgeriebene Schale von 1 Bio-Limette
3 Baby-Pak-Choi
3 EL Sojasauce
Saft von 1 Orange
2 Msp. Chiliflocken
400 g Schellfisch- oder Kabeljaufilet
Salz – Pfeffer
4 EL Erdnussöl zum Braten
1 EL (dunkler) Sesam (nach Belieben)

1. Ingwer und Knoblauch schälen. Ingwer auf einer Küchenreibe fein reiben, Knoblauch ebenfalls quer bis zur Hälfte fein abreiben – wer keine Reibe zur Hand hat, würfelt beides so fein wie möglich mit dem Messer. Beides mit Butter, Misopaste und Limettenschale gründlich mit einer Gabel vermengen. Die Butter möglichst noch für 15 Min. ins Tiefkühlfach stellen, damit sie schön kalt und wieder fest wird.

2. Inzwischen Pak Choi waschen, unschöne Blätter entfernen, den Strunk unten glatt schneiden, dann die Stauden längs halbieren. Übrige Knoblauchhälfte in Scheiben schneiden. Sojasauce mit Orangensaft, Chiliflocken und 2 EL Wasser verrühren. Den Fisch kalt abspülen, gründlich trocken tupfen und in jeweils ca. 10 cm lange Stücke schneiden, leicht salzen und pfeffern.

3. In einer Pfanne 2 EL Öl erhitzen, darin den Pak Choi mit den Schnittflächen nach unten einlegen und bei großer Hitze braten, bis er leicht bräunt, wenden und die andere Seite ebenfalls leicht anbraten. Hitze reduzieren, die Sojamischung dazugeben. Den Pak Choi darin bei kleiner bis mittlerer Hitze in 3–4 Min. zugedeckt gar dünsten, dabei eventuell ein- bis zweimal wenden, falls nötig, wenig Wasser dazugeben – es sollte aber kaum Flüssigkeit übrig bleiben.

4. Gleichzeitig das übrige Öl in einer zweiten Pfanne erhitzen, darin den Fisch 3–4 Min. bei mittlerer Hitze anbraten, bis er schön gebräunt ist, wenden und auf der anderen Seite ebenfalls 1–2 Min. braten, Dann die Butter in Stückchen auf den Fisch und in die Pfanne geben und leicht aufschäumen lassen. Den Fisch darin wenden und noch 1–2 Min. bei kleinster Hitze ziehen lassen.

5. Pak Choi aus der Pfanne heben, auf Teller verteilen, Fisch darauf anrichten und alles mit der Butter aus der Pfanne überträufeln, nach Belieben mit Sesam bestreuen und servieren.

MEIN TIPP Misopaste ist nicht nur gesund, sondern in Sachen Aroma eine echte Wunderwaffe – bringt jede Menge Umami und damit superviel Geschmack! Die Sojabohnenpaste gibt es inzwischen in Asien- und Bioläden, aber auch in normalen Supermärkten zu kaufen. Helles Miso ist dabei meist milder und leicht süßlich, dunkles kräftiger und salziger – hier lohnt es sich einmal zu experimentieren: schmecken tut beides!

OFEN-KRÄUTER-FORELLEN MIT RADIESCHEN

Für 2 Personen | 30 Min. Zubereitung

Für die Forellen:
2 küchenfertige Forellen (à ca. 350 g)
1 Bio-Zitrone
1 Knoblauchzehe
4 EL Olivenöl zum Braten
4 Zweige Thymian
6 Stängel Petersilie
Salz - Pfeffer

Für die Radieschen:
1 Bund (Bio-)Radieschen
2 TL kleine Kapern
1 EL Butter
1 EL Honig
1 TL Weißweinessig
Salz - Pfeffer
Zitronensaft (nach Belieben)

1. Den Backofen auf 220° vorheizen. Forellen innen und außen kalt abspülen und mit Küchenpapier trocken tupfen. Zitrone heiß waschen und abtrocknen. Aus der Mitte eine Scheibe herausschneiden und halbieren. Von einem Ende die Schale fein abreiben und den Saft auspressen, das andere Ende beiseitelegen. Knoblauch schälen, fein würfeln und mit 2 EL Öl, ½ TL Zitronenschale und 2 EL Zitronensaft in einem Schälchen kräftig verrühren.

2. Die Kräuter waschen, 2 Zweige Thymian und 2 Stängel Petersilie beiseitelegen, von den übrigen Kräutern die Blättchen abzupfen, fein hacken und unter das Knoblauchöl mischen, mit Salz und Pfeffer würzen. Jede Forelle auf beiden Seiten mit einem scharfen Messer jeweils drei- bis viermal tief einschneiden. Das Kräuteröl in den Einschnitten verteilen und leicht andrücken, dann rundum mit übrigem Öl bepinseln, leicht salzen, pfeffern und auf ein mit Backpapier ausgelegtes Blech legen. Zitronenscheibenhälften und ganze Kräuter in den Bauchhöhlen der Fische verteilen. Die Forellen im heißen Ofen (Mitte) 20 Min. garen.

3. Inzwischen das Grün von den Radieschen abschneiden, waschen, trocken schütteln, schöne, zarte Blätter beiseitelegen. Die Radieschen putzen und je nach Größe halbieren oder vierteln. Kapern abtropfen lassen. In einer Pfanne die Butter erhitzen. Radieschen mit der Schnittseite nach unten einlegen und 2–3 Min. braten, bis sie leicht bräunen. Honig und Essig unterrühren, salzen, pfeffern und bei kleiner Hitze weitere 4–5 Min. schmoren lassen. Inzwischen die Radieschenblätter eventuell kleiner schneiden. Mit den Kapern unter die Radieschen rühren und kurz zusammenfallen lassen. Wer will, schmeckt das Ganze noch mit einigen Spritzern Zitronensaft ab.

4. Die Fische mit den gebratenen Radieschen nach Wunsch zu Salzkartoffeln, Erdäpfelbrei oder knusprigem Baguette servieren. Die übrigen Zitronenstücke zum Beträufeln dazureichen.

4.

GANZ VIEL GEMÜSE …

… FRISCH UND KNACKIG GEHT IMMER

•

Meine Küche wäre für mich ohne **MEINEN GARTEN** eine andere. Dort bediene ich mich natürlich am liebsten bei dem, was gerade Saison hat. **RICHTIG FRISCH,** gerne einfach roh als Carpaccio oder Salat, aber auch gegart spielt Gemüse für mich oft die Hauptrolle. Auf jeden Fall immer mit dabei: frische Kräuter, am liebsten gleich **BÜSCHELWEISE.**

FENCHELCARPACCIO

Für 2–4 Personen | 20 Min. Zubereitung | 30 Min. Ruhen

2 mittelgroße Fenchelknollen
2–3 EL natives Olivenöl
2–3 Spritzer Zitronensaft (nach Belieben)
Pfeffer
3 EL Gomasio (siehe Tipp)
Salz (nach Belieben)

1. Die Fenchelknollen putzen. Dazu unten den Strunk gerade abschneiden, die Stiele oben abschneiden, dabei das Grün beiseitelegen. Waschen, dann längs halbieren. Den Strunk aus beiden Hälften keilförmig so herausschneiden, dass die einzelnen Spalten noch zusammenhalten. Dann die Hälften längs mit einem Messer oder auf einem Gemüsehobel in dünne Scheiben schneiden bzw. hobeln und auf zwei Teller verteilen.

2. Den Fenchel mit Olivenöl beträufeln – wer mag, träufelt noch etwas Zitronensaft darüber –, dann leicht pfeffern. Fenchelgrün fein hacken und mit Gomasio über den Fenchel streuen; Gomasio reicht im Prinzip als Salz. Wer möchte, kann aber noch leicht nachsalzen.

MEIN TIPP

Den besonderen Reiz des Gerichts macht Gomasio aus, eine ursprünglich aus Japan stammende Würzmischung aus Meersalz und Sesam, die es inzwischen in Asien- und Bioläden zu kaufen gibt. Wer Gomasio selber machen möchte, röstet 60 g ungeschälten Sesam in einer Pfanne ohne Fett unter Rühren, bis er leicht bräunt und duftet. Aus der Pfanne nehmen, abkühlen lassen und anschließend mit 1 TL grobem Meersalz mischen. Zusammen im Mörser nicht zu fein zerstoßen und in ein sauberes Twist-off-Glas füllen. So hält es, ohne an Geschmack zu verlieren, gut 2–3 Wochen. Als kleine, feine Ergänzung auf dem Carpaccio passen ein paar angebratene Speckwürfel und/oder leicht in der Pfanne geröstete Walnusskerne.

DER MUTIGE TIPP

Als Vorspeise oder Beilage zu gegrilltem Fisch passt Fenchelcarpaccio im Sommer eigentlich immer. Wer es als leichte Mahlzeit genießt, kann je nach Hunger noch ein paar Parmesanhobel, eingelegte Sardinen (möglichst frisch vom Fischhändler und nicht aus der Dose) oder eine aufgeschnittene Kugel Burrata oder Büffelmozzarella daraufpacken.

KOHLRABICARPACCIO

Für 2–4 Personen | 25 Min. Zubereitung

2 kleine zarte Kohlrabi (ca. 300 g)
1 TL Dijon-Senf
1 TL Honig
2 EL Weißweinessig (ersatzweise Zitronensaft)
3 EL Olivenöl
Salz - Pfeffer
2 EL ungesalzene Pistazien
2 Scheiben gekochter (Prager) Schinken
2 Zweige Zitronenthymian

1. Kohlrabi schälen, kleine zarte Blätter beiseitelegen. Dann auf einem Gemüsehobel oder mit einem Messer in möglichst feine Scheiben hobeln bzw. schneiden. Die Kohlrabischeiben auf zwei Tellern überlappend auslegen.

2. Senf und Honig mit Essig glatt verrühren, dann das Öl kräftig unterschlagen und mit Salz und Pfeffer würzen. Das Dressing über den Kohlrabi träufeln. Pistazien in einer Pfanne ohne Fett rösten, bis sie duften und leicht zu bräunen beginnen. Aus der Pfanne nehmen, abkühlen lassen und grob hacken.

3. Schinken in Streifen schneiden. Zitronenthymian waschen, trocken schütteln, Blättchen abstreifen und möglichst fein hacken. Beiseitegelegte Kohlrabiblättchen waschen, trocken schütteln und fein zerschneiden. Schinken, Thymian und Kohlrabiblättchen mit den Pistazien über das Carpaccio streuen und servieren.

MEIN TIPP

Anstelle von Schinken oder auch zusätzlich schmeckt fein gehobelter Parmesan oder gereifter Ziegenkäse, der über das Carpaccio gestreut wird. Wenn ich mal außer Kohlrabi (fast) nichts mehr im Haus habe, überträufle ich den gehobelten Kohlrabi einfach mit etwas Zitronensaft und Olivenöl, salze und pfeffere die Scheiben oder streue etwas Gomasio darüber.

DER MUTIGE TIPP

Anstelle von Olivenöl gönne ich mir hier auch gerne mal Arganöl. Das röstig-nussig schmeckende, aus Marokko stammende Öl ist zwar etwas teurer, dafür braucht es nur ein paar Löffelchen, um Salate, Gemüse und sogar Süßspeisen intensiv zu würzen.

MANGO-CAPRESE

Für 2–4 Personen | 15 Min. Zubereitung

1 kleine reife Mango (ca. 300 g)
2 Fleischtomaten (siehe Tipp)
1 Kugel Büffelmozzarella (125 g)
1 rote Chilischote
3 Stängel (Zitronen-) Basilikum
½ Limette
2 EL natives Olivenöl
Salz – Pfeffer

1. Die Mango schälen, von beiden Seiten vom Stein und in ca. 1 cm breite Spalten schneiden. Fleischtomaten waschen und quer in dünne Scheiben schneiden, dabei den Stielansatz entfernen. Mozzarella gut trocken tupfen und in Scheiben schneiden, diese halbieren.

2. Chilischote waschen, putzen, längs halbieren und die Hälften quer in schmale Streifen schneiden. Basilikum waschen, trocken schütteln, die Blättchen abzupfen und in Streifen schneiden. Die Limette heiß waschen und abtrocknen.

3. Mangospalten, Tomaten- und Mozzarellascheiben auf einem Teller anrichten. Mit Chili und Basilikum bestreuen, die Limette fein darüber abreiben und alles mit Olivenöl beträufeln. Leicht salzen und pfeffern und servieren.

MEIN TIPP

Richtig reif, saftig und vor allem geschmacksintensiv sollten die Tomaten sein: alte, aromatische Sorten wie z. B. »Ochsenherz« oder die leicht rosafarbene »Berner Rose« sind inzwischen auf vielen Wochenmärkten zu kaufen. Beim Basilikum lässt sich auch experimentieren: mal exotisches Thai-Basilikum, pfeffriges griechisches Basilikum, Limonenbasilikum oder geschmacksintensives violettes Basilikum. Anstelle von Basilikum nehme ich auch mal frisches Koriandergrün oder etwas Minze und streue dann noch ein paar geröstete Pinienkerne, etwas Schwarzkümmel oder leicht angerösteten, grob zerstoßenen Kreuzkümmel darüber.

DER MUTIGE TIPP

Aus dem fruchtigen Salat lässt sich übrigens auch ratzfatz ein raffiniertes Dessert zaubern: Salz und Pfeffer weglassen, dafür das Ganze mit etwas Kokosblütenzucker bestreuen oder Honig darüberträufeln und vielleicht anstelle von Olivenöl fein nussiges Arganöl verwenden.

FRÜHLINGSKRÄUTER-ERDÄPFELSALAT

Für 2 Personen | 30 Min. Zubereitung

350 g kleine, junge Erdäpfel
3 dünne Karotten
100 g grüner Spargel
Salz
100 g TK-Erbsen (oder frisch)
25 g Bärlauch (1 gute Handvoll)
1 große Handvoll Kerbel
2 Zweige Estragon
1 TL mittelscharfer Senf
100 g Sauerrahm
1 EL Weißweinessig
Pfeffer

1. Die Erdäpfel gründlich waschen und sauber bürsten. In ausreichend Wasser in 15–20 Min. weich kochen oder dampfgaren – sie sollten sich mit einem spitzen Messer gerade gut und ohne Widerstand einstechen lassen. Abgießen und kurz ausdampfen lassen. Dann nach Wunsch schälen, ansonsten die Schale auch ruhig dranlassen und je nach Größe halbieren oder in Stücke scheiden.

2. Inzwischen die Karotten schälen und in ca. 4 mm dicke Scheiben schneiden. Den Spargel waschen und die holzigen Enden abschneiden. Die Stangen im unteren Drittel schälen und schräg in ca. 3 cm lange Stücke schneiden. Ausreichend Wasser zum Kochen bringen, salzen, Karotten und Spargel hineingeben und in 5–7 Min. bissfest garen, dabei gegen Ende für 3 Min. die (gefrorenen) Erbsen dazugeben und mitgaren. Alles in ein Sieb abgießen und abtropfen lassen.

3. Währenddessen Bärlauch waschen, Stiele abschneiden, die Blätter in Streifen schneiden. Kerbel und Estragon waschen und gut trocken schütteln. Estragonblätter abzupfen und grob zerschneiden, Kerbel etwas zerzupfen. Die Hälfte Bärlauch und Kerbel mit dem gesamten Estragon, Senf, 1 EL Sauerrahm und Essig pürieren, dann übrigen Sauerrahm unterrühren und mit Salz und Pfeffer würzen.

4. Die lauwarm abgekühlten Erdäpfel mit Karotten, Erbsen und dem Dressing mischen und abschmecken, dann übrigen Kerbel und Bärlauch unterheben.

MEIN TIPP

Mehr Hunger? Dann einfach noch 1–2 hart gekochte Eier schälen, achteln und mit unter den Salat heben. Auch fein: etwas zerzupfte geräucherte Forelle oder Stremellachs oder auch etwas übrig gebliebenes in Stücke geschnittenes kaltes Huhn.

DER MUTIGE TIPP

Bei den Kräutern lässt sich natürlich wunderbar experimentieren und austauschen: Anstelle von Barlauch, passt auch Vogelmiere oder Franzosenkraut aus dem eigenen Garten, im Herbst auch Brunnenkresse, die nicht püriert, sondern einfach als Blättchen unter den Salat gemischt wird.

SOMMERSALAT MIT KICHERERBSEN

Für 2 Personen | 20 Min. Zubereitung

3 Tomaten
1 Bio-Salatgurke
1 rote Spitzpaprika
1 Glas Kichererbsen (ca. 220 g Abtropfgewicht, ersatzweise selbst gekochte, siehe S. 10)
3 EL Zitronensaft
2 Msp. Chiliflocken
¼ TL gemahlener Kreuzkümmel
2 Msp. Zimtpulver
2 TL Honig (nach Belieben)
Salz - Pfeffer
5 EL natives Olivenöl
2 Frühlingszwiebeln
2 Stängel Minze

1. Die Tomaten waschen und in Achtel schneiden, dabei den Stielansatz entfernen und den Saft auffangen. Gurke waschen, putzen, längs vierteln und die Viertel in knapp 1 cm dicke Stücke schneiden. Paprika halbieren, putzen, waschen und quer in dünne Streifen schneiden. Kichererbsen in einem Sieb kalt abbrausen und abtropfen lassen.

2. Zitronensaft, Chiliflocken, Kreuzkümmel, Zimt und nach Belieben Honig verrühren, salzen und pfeffern, dann das Olivenöl nach und nach mit einer Gabel oder einem kleinen Schneebesen gründlich unterschlagen, bis ein cremiges Dressing entstanden ist. Das Dressing mit den vorbereiteten Zutaten in einer Salatschüssel mischen.

3. Frühlingszwiebeln waschen, trocken schütteln und mit dem Grün in nicht zu feine Ringe schneiden. Minze waschen, trocken schütteln, Blättchen abzupfen und in Streifen schneiden oder nur grob zerzupfen. Unter den Salat heben und möglichst noch 5 Min. ziehen lassen.

DER MUTIGE TIPP

Anstelle von Honig schmeckt der Salat hervorragend mit 1–2 EL Granatapfelmelasse angemacht. Der sirupartig eingekochte Granatapfelsaft schmeckt angenehm süß-säuerlich und erinnert geschmacklich an gereiften Aceto balsamico. Wer nicht sofort fündig wird: in türkischen Lebensmittelgeschäften ist Granatapfelmelasse problemlos unter dem Namen »Nar eksisi« zu bekommen.

VOGERLSALAT MIT GEBRATENEN SCHWAMMERLN

Für 2 Personen | 25 Min. Zubereitung

100 g Vogerlsalat
1 Karotte
200 g Kräuterseitlinge
1 Knoblauchzehe
1 Zweig Thymian
3 EL Rotweinessig
1 Schalotte
½ TL Dijon-Senf
Salz - Pfeffer
6 EL Olivenöl
1 TL Butter
2 Eier (Größe M)
2 EL ungeschälte Sesamsamen

1. Den Vogerlsalat putzen, waschen und trocken schleudern, eventuell in kleinere Blätter zerteilen. Karotte schälen, putzen und auf der Rohkostreibe grob raspeln. Die Seitlinge putzen, bei Bedarf mit einem Tuch abreiben, den Stiel in 5–6 mm dicke Scheiben, den Hut oben quer in ebenso dicke Streifen schneiden. Knoblauch schälen und in Scheiben schneiden. Thymian waschen, trocken schütteln, Blättchen abzupfen und grob hacken.

2. Für die Eier reichlich Wasser mit 2 EL Essig in einem großen Topf aufkochen lassen. Währenddessen Schalotte schälen und fein würfeln. Mit Senf, Essig und 1–2 EL Wasser glatt verrühren, salzen, pfeffern, dann 5 EL Öl kräftig unterschlagen. Übriges Öl in einer Pfanne erhitzen, darin die Seitlinge mit dem Knoblauch bei großer Hitze braten, möglichst nicht viel rühren, sondern die Pilzstücke nebeneinander liegen lassen und nur ein- bis zweimal wenden, damit sie schön bräunen. Gegen Ende Thymian und Butter unterrühren, alles durchmischen, vom Herd nehmen und kurz ziehen und lauwarm abkühlen lassen oder, falls nötig, leicht warm halten.

3. Wenn das Wasser kocht, Hitze reduzieren, sodass das Wasser nur noch leicht siedet und ab und kleine Bläschen am Topfboden sprudeln. Die Eier nacheinander einzeln in eine Tasse aufschlagen. Mit einem Löffel einen kleinen Strudel ins Wasser rühren und das Ei vorsichtig hineingleiten lassen und sofort das im Wasser stockende Eiklar mithilfe des Löffels über den Eidotter ziehen. So auch das zweite Ei einlegen und beide Eier ca. 4 Min. im Wasser pochieren.

4. Währenddessen zunächst Vogerlsalat und Karotte mit dem Dressing mischen. Dann die lauwarmen Pilze unterheben und auf Teller verteilen. Zügig die Eier einzeln nacheinander mit einem Schaumlöffel aus dem Wasser heben, etwas abtropfen lassen und auf den Salat geben. Mit Sesam bestreuen und mit Pfeffer übermahlen, servieren.

MEIN TIPP

Im Herbst, wenn die Vogerlsalatsaison beginnt, gehe ich gerne zum Schwammerlsuchen und ersetze die Kräuterseitlinge durch Waldpilze. Wer keine Lust, Zeit oder Möglichkeit zum Selbersuchen hat: Es passen selbstverständlich auch Champignons oder Austernpilze als Ersatz.

EISKALTE GURKENSUPPE

Für 2–4 Personen | 10 Min. Zubereitung | 1 Std. Kühlen

1 große Bio-Salatgurke
2 Knoblauchzehen
400 g griechischer Joghurt (10 % Fett)
½ TL gemahlener Kreuzkümmel
2 Msp. Chilipulver
Salz - Pfeffer
1 EL Zitronensaft
½ Bund Dill

1. Gurke waschen, putzen, längs halbieren, Kerne herauskratzen und das Fruchtfleisch in Stücke schneiden. Knoblauch schälen und grob zerschneiden. Beides in einen Standmixer geben und fein pürieren.

2. Joghurt mit Kreuzkümmel, Chilipulver, Salz, Pfeffer und Zitronensaft würzen. Das Gurkenpüree gründlich unterrühren und möglichst noch 1 Std. zugedeckt im Kühlschrank durchkühlen lassen.

3. Vor dem Servieren den Dill waschen, trocken schütteln, Spitzen abzupfen und fein hacken. Einen Großteil davon unter die Suppe rühren, nochmals mit Salz, Pfeffer und eventuell Zitronensaft abschmecken und mit übrigem Dill bestreut servieren.

MEIN TIPP

Supererfrischend und dazu noch leicht kommt dieses Süppchen an richtig heißen Tagen genau richtig. Wer etwas mehr Hunger hat, kann die Suppe noch mit einem gehackten hart gekochten Ei (prima auch als Resteverwertung), in Würfelchen geschnittener gegarter Roten Bete, ein paar geröseten Brotwürfeln oder etwas Räucherfisch (ein paar Streifen Räucherlachs oder zerzupfte Räucherforelle) aufpeppen. Fehlt einmal die Zeit, sie extra kalt zu stellen und ist dafür aber vielleicht ein Blender im Haus: Die Gurke dann einfach mit 3–4 Eiswürfeln pürieren.

DER MUTIGE TIPP

Experimentierfreudige toppen die Gurkensuppe einmal zusätzlich mit 1 Prise gemahlenem Koriander und ½ TL gehacktem Majoran oder probieren mal eine kleine Prise Königskümmel – der ist unter der Bezeichnung »Ajowan« gut und preiswert in asiatischen Lebensmittelgeschäften zu bekommen. Die ganzen Samen müssen dann nur noch im Mörser fein zerstoßen werden. Als Kräuter passen Thai-Basilikum oder Koriandergrün.

ELLYS KALTE SPARGELSUPPE

Für 2-4 Personen | 55 Min. Zubereitung | 3 Std. Kühlen

500 g weißer Spargel
Salz - Zucker
1 TL Butter
1 kleiner Erdapfel (ca. 100 g)
¼ Sternanis (siehe Tipp)
75 g (Doppelrahm-) Frischkäse
Pfeffer
2 Spritzer Zitronensaft
⅓ Bund Schnittlauch

1. Spargel gründlich waschen. Die Enden abschneiden und die Stangen vorsichtig schälen. Die Schalen mit 500 ml Wasser, Salz, 2 Prisen Zucker und Butter in einen Topf geben, langsam aufkochen lassen und offen bei kleiner Hitze 15 Min. sanft ziehen lassen.

2. Inzwischen von den Stangen die Köpfe abschneiden und längs halbieren, dann die Stangen in ca. 1 cm dicke Scheiben schneiden. Erdapfel schälen, waschen und in knapp 1 cm große Würfel schneiden.

3. Spargelbrühe durch ein Sieb in einen zweiten Kochtopf gießen, dabei die Spargelschalen gut ausdrücken. Erneut zum Kochen bringen, darin die Spargelspitzen in 6–8 Min. garen, herausnehmen und beiseitelegen. Spargelscheiben, Erdäpfelwürfel und Sternanis in die heiße Brühe geben und bei mittlerer Hitze in 15–20 Min. weich garen.

4. Sternanis herausfischen und die Suppe mit dem Pürierstab möglichst fein pürieren. Etwas abkühlen lassen, dann den Frischkäse dazugeben und alles nochmals cremig mit dem Pürierstab aufmixen. Mit Salz, Pfeffer, eventuell 1 Prise Zucker und Zitronensaft würzen, Spargelspitzen dazugeben. Die Suppe abkühlen lassen und zusätzlich zugedeckt im Kühlschrank 1-2 Std. durchkühlen lassen. Kurz vor dem Servieren Schnittlauch waschen, trocken schütteln, in längere Röllchen schneiden und über die Suppe streuen.

DER MUTIGE TIPP

Wer es gar nicht abwarten kann, die Suppe schmeckt natürlich auch warm! Dann passen auch mal wohlig warm gewürzte Brotcroûtons darauf: Dazu 2 Scheiben (Vollkorn-)Toast in Scheiben schneiden und in 25 g zerlassener Butter knusprig braun braten. Auf einem Küchenpapier abtropfen lassen und noch warm mit Salz und ½ TL Zimtpulver bestreuen.

TOMATENSAUCE – DIE DARF NIE FEHLEN

1 kg frische, sonnenreife Tomaten
(ersatzweise 800 g Tomaten aus dem Glas)
1 große Zwiebel
2 Knoblauchzehen
4 EL Olivenöl zum Braten
Salz – Pfeffer
½ TL getrockneter Oregano
(oder 3 Zweige frischer Oregano)

Für 4 Personen
20 Min. Zubereitung
1 Std. 30 Min. Garen

1. Die Tomaten waschen, unten kreuzweise einritzen und in einer hitzebeständigen Schüssel mit kochendem Wasser übergießen, sodass sie gerade bedeckt sind. 5–10 Min. stehen lassen, dann abgießen und die Haut mit einem spitzen Messer abziehen. Das Fruchtfleisch in Stücke schneiden, dabei den Saft auffangen und die Stielansätze entfernen. Alternativ Dosentomaten in Stücke schneiden – das geht im Prinzip mit einem großen Messer sogar bereits direkt im Glas.

2. Zwiebel und Knoblauch schälen und fein würfeln. Olivenöl in einem Topf erhitzen, darin die Zwiebel bei kleiner bis mittlerer Hitze andünsten. Gegen Ende Knoblauch dazugeben und kurz mitdünsten. Tomaten samt Saft (egal ob frisch oder aus dem Glas) dazugeben. Leicht salzen, pfeffern und mit getrocknetem Oregano würzen – frischen erst später etwa 30 Min. vor Garzeitende grob gehackt dazugeben, damit er durch das lange Kochen nicht an Geschmack verliert.

3. Offen bei eher kleiner bis mittlerer Hitze so lange kochen lassen, bis möglichst viel Flüssigkeit verkocht ist und die Sauce leicht sämig wird: Das kann bei frischen Tomaten manchmal gut 1 Std.–1 Std. 30 Min. dauern, Dosentomaten kochen schneller ein. Nicht vergessen: Zwischendurch immer mal wieder gut durchrühren. Am Ende mit Salz und Pfeffer abschmecken. Wer möchte, kann die fertige Sauce noch mit dem Pürierstab glatt pürieren. Wer die Sauce als Grundlage bzw. Basissauce für eine Pizza möchte, einfach noch länger, dick sämig einkochen lassen!

Selbst gemachte Tomatensauce ist in meiner Küche unentbehrlich. Sie ist im Prinzip einfach gekocht und steht dann eingekocht oder einfroren bis zum nächsten Einsatz bereit: Als einfache Tomatensauce für die Enkelin, als Grundlage für Gemüsegerichte oder Aufläufe oder dick eingekocht als Sugo für eine Pizza. Es gibt kaum etwas, was eine gute Tomatensauce nicht noch ein bisschen besser machen kann!

FÜR DEN VORRAT

Wird die Sauce nicht sofort verbraucht, hält sie sich gut verschlossen 3 Tage im Kühlschrank. Ansonsten lässt sie sich einfach portionsweise einfrieren oder einkochen. Dazu in saubere Twist-off-Gläser füllen und verschließen. Die Gläser in ein tiefes Backblech (Fettpfanne) stellen und so viel Wasser dazugeben, dass sie gut 3 cm hoch darin stehen. In den 180° heißen Ofen schieben (unten). Sobald das Wasser zu köcheln beginnt – sichtbar an den aufsteigenden kleinen Bläschen –, die Küchenuhr stellen: Nach 30 Min. den Ofen ausstellen und die Gläser darin abkühlen lassen.

MEIN TIPP

Für eine richtig gute Sauce braucht es möglichst sonnenreife Tomaten, die hierzulande ungefähr von August bis Ende September Saison haben. Hier dürfen es dann auch mal ruhig richtig superreife sein, die zum Essen vielleicht fast schon ein wenig zu weich sind – die gibt es oft auch preisgünstiger! Die Sorte spielt kaum eine Rolle. Es lohnt sich aber, unterschiedliche Tomatensorten geschmacklich zu vergleichen: Fleisch- und Eiertomaten oder auch mal süßlichere Kirschtomaten. Mit ausschließlich gelben oder orangefarbenen Tomaten bekommt die Sauce einen ganz eigenen, anderen Look! Wer die Sauce gleich z. B. zu Pasta servieren möchte, kann am Ende noch frisch gehacktes Basilikum oder Petersilie untermischen. Und im Sommer, wenn es frische Kräuter in Hülle und Fülle gibt, kommt bei mir anstelle von getrocknetem frischer Oregano oder auch mal etwas frischer Majoran oder 1–2 Zweigerl Thymian in die Sauce.

GESCHMORTER FENCHEL MIT TOMATENSAUCE

Für 2 Personen | 10 Min. Zubereitung | 40 Min. Garen

3 kleine Fenchelknollen (ca. 600 g Fenchel)
2 Knoblauchzehen
4 EL Olivenöl zum Braten
Salz - Pfeffer
200 ml Gemüsebrühe
Tomatensauce (siehe S. 104, nach Belieben)

1. Den Fenchel waschen, putzen, dabei das zarte Grün beiseitelegen. Die Knollen vierteln (sehr große eventuell sechsteln). Knoblauch schälen und in Scheiben schneiden. Olivenöl in einer Pfanne mit hohem Rand erhitzen. Den Fenchel mit den Schnittflächen nach unten einlegen und bei mittlerer bis großer Hitze braten, bis er unten leicht gebräunt ist, dann wenden und ringsum leicht braun anbraten, gegen Ende Knoblauch dazugeben, salzen und pfeffern.

2. Mit der Brühe ablöschen und bei kleiner Hitze 20–25 Min. zugedeckt schmoren. Dann den Deckel abnehmen und die Flüssigkeit nochmals bei kleiner bis mittlerer Hitze einkochen lassen, das kann 5–15 Min. dauern, der Fenchel sollte noch leicht Biss haben.

3. Gegen Garzeitende die Tomatensauce erhitzen und das Fenchelgrün fein hacken. Den fertigen Fenchel mit der Tomatensauce übergießen und mit Fenchelgrün bestreuen. Das Gemüse schmeckt mit Weißbrot, Reis oder Pasta oder als Beilage zu Fleisch oder Fisch.

DER MUTIGE TIPP

Um das besondere Fenchelaroma noch zu unterstreichen, gebe ich gerne ½ TL (eventuell vorher grob zerhackte) Fenchelsamen mit dem Wein zu; auch ein Gläschen Pernod, Ouzo oder ein anderer Anislikör unterstreicht das typische Fenchelaroma. Wer möchte, kann auch andere Aromaakzente setzen: ein paar klein gehackte Kapern oder Sardellen und/oder schwarze Oliven, die mit dem Fenchel geschmort werden, unterstreichen den mediterranen Charakter des Gerichts. Und wer es etwas gehaltvoller mag, reibt ordentlich Parmesan darüber, rührt ein paar Löffel Ricotta unter oder brät ein paar schnelle Salsicciabällchen dazu: Einfach rohe italienische Salsicce (gerne auch die mit Fenchel gewürzte) längs aufritzen, das Brät aus der Pelle drücken, zu Kügelchen formen und ringsum in Olivenöl leicht braun braten, dann mit der Tomatensauce zum Fenchel geben und noch kurz mitschmoren lassen.

5.

RINGERLREZEPTE

■ ■ ■

… SO KLAPPT KOCHEN WIE AM SCHNÜRCHEN

●

Heute koche ich, morgen brat ich, und besonders gerne **MIT RESTEN**. Das ist nicht nur preiswert und nachhaltig, es spart vor allem auch **ZEIT UND ENERGIE**. Gerade klassische Beilagen wie Erdäpfel, Reis oder Getreide werden am Folgetag zum guten **HAUPTGERICHT**.

PELLKARTOFFELN MIT TOPFEN

Für 2 Personen | 30 Min. Zubereitung

600 g etwa gleich große festkochende Erdäpfel
Salz
½ TL Kümmelsamen
1 kleine Schalotte
400 g Topfen (20 % Fett)
2 EL kohlensäurehaltiges Mineralwasser
½ kleines Bund Petersilie
½ Bund Dill
1 kleines Bund Schnittlauch
1 Handvoll Kerbel (nach Belieben)
Pfeffer
2 EL Leinöl (siehe Tipp)

1. Erdäpfel in kaltem Wasser gründlich sauber bürsten. In einen Topf geben und so viel Wasser dazugeben, dass sie gerade eben zu zwei Dritteln bedeckt sind. Das Wasser langsam zum Kochen bringen – bevor es richtig stark kocht, die Hitze auf mittlere Stufe reduzieren, sodass die Erdäpfel in gerade leicht sprudelndem Wasser garen. Mit Salz und Kümmel würzen und zugedeckt je nach Größe der Erdäpfel in 20–25 Min. weich kochen.

2. Sie sind gar, wenn sie sich mit einem spitzen Messer leicht und ohne Widerstand tief einstechen lassen. Anschließend das Wasser abgießen und zum Ausdampfen im Topf kurz auf die noch warme Herdplatte stellen. Wenn alle Flüssigkeit vollständig verdampft ist, vom Herd nehmen und, falls nötig, im zugedeckten Topf warm halten.

3. Inzwischen Schalotte schälen und fein würfeln. Den Topfen mit Mineralwasser glatt verrühren. Die Kräuter waschen und trocken schütteln, Blättchen bzw. Dillspitzen abzupfen und fein zerschneiden. Schnittlauch in Röllchen schneiden. Nach Belieben Kerbel fein hacken. Schalotte und einen Großteil der Kräuter unter den Topfen rühren und mit Salz und Pfeffer würzen.

4. Erdäpfel auf Teller verteilen, Topfen daneben anrichten, mit Leinöl beträufeln und mit übrigen Kräutern bestreuen.

MEIN TIPP

Wer seinen Topfen cremiger, üppiger mag, rührt anstelle von Mineralwasser 2–3 EL Obers oder einen guten Löffel Schmand oder Crème fraîche unter. Anstelle von Leinöl bringt Kürbiskernöl ein tolles Aroma; Wer möchte, kann dann noch zusätzlich 2–3 EL angeröstete und grob zerhackte Kürbiskerne unter den Topfen rühren.

DER MUTIGE TIPP

Die verwendeten Kräuter lassen sich natürlich immer wieder variieren, alles ist erlaubt, was zart und fein ist: Petersilie, Liebstöckel, Basilikum oder sogar Minze oder Koriander, Brennnesseln oder andere Wildkräuter, aber auch mal Frühlingszwiebelgrün. Für einen besonderen Geschmack im Topfen sorgt gemahlener Schabziegerklee. Das leicht herb-bittere Gewürz mit dem Duft von frischem Heu gibt dem Topfen ein ganz eigenes Aroma – bei dieser Menge Topfen am besten mit 1 TL starten, und wenn's schmeckt, ruhig noch einen mehr nehmen!

ERDÄPFELSTERZ

Für 2 Personen | 30 Min. Zubereitung

450 g gegarte Erdäpfel (vom Vortag, festkochende oder vorwiegend festkochende, siehe S. 10)
1 große Zwiebel
4 EL Butterschmalz
1 Bund Schnittlauch
Salz - Pfeffer
frisch geriebene Muskatnuss

1. Erdäpfel schälen und auf der Reibe grob raffeln. Zwiebel schälen und fein würfeln. 2 EL Butterschmalz in einer Pfanne erhitzen, darin die Zwiebel langsam bei mittlerer Hitze weich dünsten, bis sie leicht bräunt. Inzwischen Schnittlauch waschen, trocken schütteln und in nicht zu feine Röllchen schneiden.

2. Übriges Butterschmalz zu den Zwiebeln geben und schmelzen lassen. Geriebene Erdäpfel dazugeben, salzen, pfeffern und alles einmal gut durchmischen. Dann bei mittlerer Hitze unter gelegentlichem Durchrühren langsam braten, bis die Erdäpfel schön zu bräunen beginnen, das kann einige Zeit dauern! Nochmals mit Salz, Pfeffer und Muskatnuss würzen.

3. Vom Herd nehmen und mit Schnittlauch bestreuen. Dazu passt ganz klassisch Tafelspitz und frisch geriebener Kren.

MEIN TIPP

Oft werde ich gefragt, welche Erdäpfel hier am besten passen. Ganz einfach: was gerade im Haus ist; egal ob fest- oder mehligkochend, wichtig ist, dass die Erdäpfel bereits am Vortag gegart sind. Je nach Sorte wird der Sterz dann kompakter, feuchter oder lockerer. Wichtig ist für mich, dass er möglichst an einigen Stellen eine schöne braune Kruste bildet. Manche mögen Erdäpfelsterz übrigens auch ohne Zwiebeln und Schnittlauch zubereitet und reichen dann Apfelmus (siehe S. 180) oder Zwetschgenröster (siehe S. 174) dazu. Warum auch nicht: Man denke nur an Reiberdatschi, die ebenfalls gerne mit Apfelmus gegessen werden.

TORTILLA-BAUERNPFANNE MIT PAPRIKA

Für 2 Personen | 30 Min. Zubereitung

400 g gegarte Erdäpfel (vom Vortag, festkochende siehe S. 10)
2 rote Spitzpaprika
4 Zweige Thymian
4 Eier
50 ml Milch
2–3 Msp. Chilipulver
Salz - Pfeffer
6 schwarze Oliven (ohne Stein)
40 g Manchego (spanischer Hartkäse, ersatzweise Parmesan)
3 EL Olivenöl zum Braten

1. Die Erdäpfel pellen und in dickere Scheiben (bei kleinen Erdäpfeln) oder kleine Würfel (bei großen Erdäpfel) schneiden. Die Paprika halbieren, weiße Trennwände und Kerne entfernen, waschen und quer in dünne Streifen schneiden. Thymian waschen, trocken schütteln, Blättchen abzupfen und grob hacken.

2. Eier mit Milch verquirlen, mit Chilipulver, Salz und Pfeffer würzen. Die Oliven in Ringe schneiden, den Käse mit dem Käsehobel oder Sparschäler in dünne Streifen hobeln.

3. Öl in einer Pfanne erhitzen, darin Paprika rund 5 Min. unter Rühren anbraten, dabei nach etwa der Hälfte der Zeit die Erdäpfel und gut die Hälfte des Thymians dazugeben und braten, bis sie hellbraun gebräunt sind. Den Pfanneninhalt leicht flach streichen, Oliven aufstreuen und die Eiermilch darübergießen. Käsestreifen darauf verteilen. Einen Deckel auflegen und alles bei kleiner bis mittlerer Hitze 8–10 Min. weitergaren, bis das Ei gestockt und der Käse etwas geschmolzen ist. Mit übrigem Thymian bestreuen und warm servieren.

MEIN TIPP

Unkompliziert und ganz ohne lästiges Wenden gelingt dieses spanisch angehauchte Bauernfrühstück garantiert immer. Darin machen sich übrigens nicht nur Erdäpfel vom Vortag gut, sondern gegebenenfalls auch mal gegarte Gemüsereste vom Vortag, wie z. B. Zucchini, Karotten oder Fenchel. Für Leute, die's deftig mögen, kann man auch mal Speck oder Wurst verwenden: Statt oder zusätzlich zum Manchego 80 g spanische Chorizo in Scheiben unter das gebratene Erdäpfel-Gemüse mischen, bevor die Eiermilch darüber kommt.

DER MUTIGE TIPP

Anstelle von Chilipulver mal Pimentón de la vera verwenden, das geräucherte, extrem würzige spanische Paprikapulver gibt es in milder (dulce) oder scharfer (forte) Variante – hier darf jeder selbst entscheiden.

KEDGEREE-REISPFANNE

Für 2 Personen | 30 Min. Zubereitung

350 g gegarter (Basmati-) Reis
1 geräucherte Makrele (ca. 250 g)
1 Stange Lauch
1 Knoblauchzehe
2 EL Butter
80 g TK-Erbsen
2 TL Currypulver
½ TL gemahlener Kreuzkümmel
½ TL gemahlener Koriander
¼ TL gemahlene Kurkuma
Salz - Pfeffer
1 Limette
6 Stängel Koriandergrün

1. Den Reis vorsichtig zwischen den Fingern zerteilen, sodass keine größeren Klümpchen mehr darin sind. Die Haut von den Makrelen abziehen, das Fischfleisch von den Gräten lösen und in mundgerechte Stücke teilen, dabei eventuell übrige Gräten und tranige Fleischstellen entfernen. Richtig zerfallene, weiche Fischstücke beiseitelegen. Den Lauch putzen, gründlich waschen, längs halbieren und quer in 4 mm dicke Stücke schneiden. Knoblauch schälen und fein hacken.

2. Butter in einer Pfanne erhitzen, darin Lauch und Knoblauch unter gelegentlichem Rühren 5–10 Min. bei mittlerer Hitze andünsten – der Lauch darf ruhig ganz leicht bräunen. Erbsen und die beiseitegelegten unschönen Fischteile dazugeben, die Erbsen unter Rühren auftauen, falls nötig, immer wieder ein paar Esslöffel Wasser dazugeben und weitere 6–8 Min. dünsten. Am Ende sollte so gut wie alle Flüssigkeit verdunstet, das Fischfleisch zerfallen und der Lauch weich sein.

3. Die Gewürze dazugeben und 1–2 Min. unter Rühren mitrösten. Mit 3–4 EL Wasser ablöschen, alles verrühren und mit Salz und Pfeffer würzen. (Vorsichtig salzen, da der geräucherte Fisch bereits recht salzig sein kann.)

4. Reis gründlich unter das Gemüse mischen und unter Rühren heiß werden lassen. Dann den übrigen Fisch unterheben. Alles zugedeckt 2–3 Min. bei kleiner bis mittlerer Hitze gemeinsam heiß werden lassen, mit Salz und Pfeffer abschmecken. Währenddessen Limette vierteln, Koriandergrün waschen, trocken schütteln, Blättchen abzupfen und grob zerschneiden. Einen Teil davon unter den Reis mischen, übrigen Koriander obenauf streuen. Mit den Limettenvierteln servieren.

MEIN TIPP

Kedgeree ist ein Souvenir der britischen Kolonialherren, die sich die Aromen Indiens mit nach Hause brachten. Der gewürzte Reis wurde früher als deftiges Frühstück verzehrt. Ich genieße ihn lieber als Hauptmahlzeit, denn leichter Reis mit viel Gemüse und gesundem Fisch macht nicht nur angenehm und gesund satt, sondern schmeckt dazu noch großartig.

WÜRZIGE KÜRBIS-REIS-KÜCHLEIN

Für 2 Personen | 30 Min. Zubereitung

1 Stück Hokkaido-Kürbis (ca. 250 g)
1 kleine Zwiebel
1 Knoblauchzehe
5 EL Olivenöl zum Braten
⅓ TL getrockneter Oregano
½ TL gemahlener Kreuzkümmel
⅓ TL gemahlene Kurkuma
3 Msp. Chilipulver (nach Belieben)
Salz - Pfeffer
⅓ Bund Koriandergrün
300 g gegarter Reis (siehe Tipp)
2 Eier (Größe S)

1. Den Kürbis putzen, waschen und von Fasern und Kernen befreien – wer möchte, entfernt noch die Schale mit einem Sparschäler. Kürbisfleisch auf einer Rohkostreibe grob raspeln. Zwiebel und Knoblauch getrennt schälen und fein würfeln. In einer Pfanne 2 EL Öl erhitzen, darin die Zwiebel langsam weich und goldgelb dünsten.

2. Knoblauch dazugeben und kurz mitdünsten, dann Kürbis dazugeben und 2 Min. bei mittlerer bis großer Hitze anbraten. Oregano und die gemahlenen Gewürze dazugeben und unter Rühren 1 Min. mitbraten. Mit 5–6 EL Wasser ablöschen, salzen, pfeffern und bei mittlerer Hitze garen, bis das Wasser völlig verdunstet ist, vom Herd nehmen und etwas abkühlen lassen.

3. Inzwischen das Koriandergrün waschen, trocken schütteln, Blättchen abzupfen und zerschneiden. Reis in einer Schüssel mit den Händen auflockern, sodass keine Klümpchen mehr darin sind. Koriandergrün und Kürbis dazugeben, alles mischen. Eier verquirlen und untermischen, mit Salz und Pfeffer würzen. 5–10 Min. ziehen lassen.

4. Nach und nach übriges Öl in einer Pfanne erhitzen, jeweils 1 guten EL der Reismasse hineingeben und leicht flach drücken. Beidseitig bei mittlerer bis großer Hitze in jeweils 2–3 Min. goldgelb braten, herausnehmen und auf Küchenpapier abtropfen lassen. Warm z. B. mit einem Dip (z. B. Joghurt-Minze-Sauce, siehe S. 138) und/oder einem grünen Salat servieren.

DER MUTIGE TIPP

Wer möchte, mischt noch ¾ TL Schwarzkümmel unter die Reismasse. Die Reisküchlein sind eine 1a-Resteverwertung, neben übrigem Reis können anstelle von Kürbis auch andere klein geschnittene oder gehackte Gemüsereste (besonders fein: Brokkoli oder Karfiol) verarbeitet werden. Wer nur wenige Gewürze im Regal hat: 1–2 TL Currypulver bewirken ein würziges Wunder.

ROSMARINKÜRBIS AUS DEM OFEN

Für 2 Personen | 25 Min. Zubereitung | 40 Min. Garen

1 Hokkaido-Kürbis (ca. 1 kg)
2 Zweige Rosmarin
3 EL Olivenöl zum Braten
Salz - Pfeffer
80 g frisch geriebener Parmesan (nach Belieben)

1. Den Backofen auf 200° vorheizen und ein Backblech mit Backpapier auslegen. Den Kürbis putzen, waschen, halbieren und von Kernen und Fasern befreien. Die Kürbishälften mit einem spitzen Messer in gut 2 cm dicke Spalten schneiden.

2. Rosmarin waschen, trocken schütteln, Nadeln abzupfen und fein hacken. Mit den Kürbisspalten auf das Blech legen, Öl darüberträufeln, salzen und pfeffern, dann alles kräftig mit den Händen mischen, sodass die Kürbisspalten gleichmäßig mit Öl und Rosmarin überzogen sind. Dann die Spalten so auseinanderziehen, dass sie nicht übereinander- sondern möglichst nur nebeneinanderliegen.

3. Im heißen Ofen (Mitte) in 30–35 Min garen, bis der Kürbis weich und leicht gebräunt ist. Nach der Hälfte der Zeit die Kürbisspalten einmal wenden und nach Belieben mit Parmesan bestreuen. Die Kürbisspalten passen als Beilage oder feine, kleine Hauptspeise – gerne ergänzt durch einen Dip wie Hummus (siehe S. 16) oder die Joghurt-Minze-Sauce (siehe S. 138) und ein wenig Brot.

DER MUTIGE TIPP

Kürbis kann gut etwas mehr Würze vertragen. Anstelle von Rosmarin passt auch frisch gehackter Thymian oder frisch geriebene Muskatnuss, ein paar Prisen Zimt, etwas gemahlener Kreuzkümmel oder Chilipulver bzw. -flocken – alles gleich mit unter das Öl gemischt. Wer nur einen kleinen würzigen Akzent setzen möchte, bestreut den fertig gegarten Kürbis mit gerösteten Sesamsamen, Kürbiskernen oder 1 TL Schwarzkümmelsamen (Nigella) oder Za'atar. Ich umwickle die Kürbisspalten auch gerne jeweils mit einer hauchdünn geschnittenen Scheibe Lardo oder geräuchertem, fettem Speck oder lege beides zum Garen über den Kürbis – einfach köstlich und als Fingerfood der absolute Liebling bei meinen Gästen!

LINSENSALAT MIT KÜRBIS

Für 2 Personen | Zubereitungszeit: 30 Min.

100 g Le-Puy-Linsen
Salz
2 EL Kürbiskerne
150 g Vogerlsalat
300 g gegarter Ofenkürbis (siehe S. 120)
1 Schalotte
1 TL körniger Senf
1 TL Ahornsirup
3 EL Sherryessig (ersatzweise Rotweinessig)
Pfeffer
3 EL natives Olivenöl
⅓ Bund Petersilie

1. In einem Topf 400 ml Wasser zum Kochen bringen, währenddessen die Linsen in ein Sieb geben und unter kaltem Wasser kurz abbrausen und abtropfen lassen. Sobald das Wasser kocht, die Linsen dazugeben und zugedeckt bei mittlerer Hitze 20–25 Min. garen, sodass sie gerade weich sind, aber noch leicht Biss haben und noch nicht zerfallen. Gegen Garzeitende salzen, anschließend in ein Sieb abgießen und abtropfen lassen.

2. Inzwischen die Kürbiskerne in einer Pfanne ohne Fett rösten, bis sie leicht knistern und duften, herausnehmen und abkühlen lassen. Den Vogerlsalat verlesen, putzen, waschen und trocken schleudern, falls nötig, kleiner zupfen. Den Kürbis in kleinere Stücke schneiden.

3. Für das Dressing die Schalotte schälen und möglichst fein würfeln. Senf, Ahornsirup und 2 EL Essig glatt verrühren und mit Salz und Pfeffer würzen. Das Öl kräftig unterschlagen und die Schalotte untermischen. Petersilie waschen, trocken schütteln, Blättchen abzupfen und grob zerschneiden.

4. Das Dressing sofort mit den noch warmen Linsen mischen, dann den Kürbis unterheben, nochmals mit Salz, Pfeffer und eventuell Essig abschmecken. Zuletzt den Vogerlsalat und einen großen Teil Petersilie untermischen. Oder den Vogerlsalat als Bett auf Tellern anrichten und den Linsen-Kürbis-Salat daraufgeben. Den Salat mit Kürbiskernen und übriger Petersilie bestreuen.

DER MUTIGE TIPP

Wer den Salat eher orientalisch würzen will, kann folgendes Dressing verwenden: ¾ TL Kreuzkümmelsamen in einer Pfanne ohne Fett rösten, bis sie duften. Abkühlen lassen und eventuell leicht im Mörser zerkleinern. Mit 2 Msp. Chilipulver (oder etwas Harissa), 3 Msp. Kurkuma, 3 EL Zitronensaft (oder 2–3 EL Sherryessig) mischen, dann 3–4 EL Olivenöl unterschlagen. Wer möchte, bestreut den fertigen Salat dann noch mit 1 TL Sumach und/oder Za'atar. Anstelle von Petersilie oder zusätzlich passt auch ein wenig Minze und anstelle von Vogerlsalat Baby-Spinatblätter.

ROTE-BETE-CARPACCIO

Für 2 Personen | 15 Min. Zubereitung | 1 Std. 10 Min. Garen

300 g mittelgroße Rote Beten (ersatzweise vorgegart und vakuumiert)
½ Lorbeerblatt (nach Belieben)
Salz – Pfeffer
5 EL Olivenöl
½ Bund Schnittlauch (ersatzweise Basilikum)
1 Kugel (Büffel-)Mozzarella (250 g)

1. Die Roten Beten waschen, vorsichtig so putzen, dass die Knollen möglichst wenig verletzt werden und nicht »ausbluten«. In einen Topf geben und gerade so viel Wasser dazugeben, dass sie eben bedeckt sind. Langsam zum Kochen bringen, dann nach Belieben mit dem Lorbeerblatt zugedeckt bei mittlerer Hitze in 50 Min.–1 Std. 10 Min. garen – sie sind gar, wenn sie sich mit einem spitzen Messer ohne Widerstand einstechen lassen.

2. Rote Beten abgießen, ausdampfen lassen und am besten noch leicht warm mit einem spitzen Messer pellen (dazu Gummihandschuhe tragen, sie färben). Abkühlen lassen. Anschließend von Hand mit einem Messer oder auf einem Gemüsehobel in dünne Spalten hobeln. Diese dachziegelartig überlappend auf einem Teller auslegen. Mit Salz und Pfeffer würzen und mit Olivenöl beträufeln.

3. Den Schnittlauch waschen, trocken schütteln und in Röllchen schneiden. Den Mozzarella trocken tupfen, in Spalten schneiden oder mit den Fingern grob zerzupfen und auf den Roten Beten verteilen, leicht mit Pfeffer übermahlen. Alles mit Schnittlauch überstreuen und servieren.

MEIN TIPP

Auf diese Weise lassen sich natürlich auch größere Mengen Rote Bete vorgaren, pellen und gut verschlossen 2–3 Tage im Kühlschrank aufbewahren – daraus lassen sich wunderbar Dips, Salate (siehe z. B. S. 129) oder kleine Beilagengemüse zaubern.

DER MUTIGE TIPP

Zur feinen Vorspeise wird das Carpaccio mit einer selbst gemachten Gremolata: dazu 20 g grob gehackte Walnusskerne mit 1/3 TL grob zerstoßenen Korianderkörnern (gerne ebenfalls in einer Pfanne angeröstet), 2 Msp. Chiliflocken, 3 EL gehackter Petersilie, 2 EL Schnittlauchröllchen und ½ TL abgeriebener Bio-Zitronenschale mischen und über die Roten Bete (mit oder ohne Mozzarella) streuen.

SCHNELLER ROTE-BETE-DIP

Für 2 Personen | 15 Min. Zubereitung

40 g Walnusskerne
250 g gegarte, abgekühlte Rote Bete (siehe S. 124, ersatzweise vorgegart und vakuumiert)
100 g Schafskäse (Feta)
1 kleine Knoblauchzehe
5 Stängel Dill
2–3 EL natives Olivenöl
½ TL gemahlener Kreuzkümmel
Salz - Pfeffer
2 Spritzer Zitronensaft
1 Msp. Honig (nach Belieben)

1. Die Walnüsse in einer Pfanne ohne Fett bei mittlerer Hitze anrösten, bis sie fein duften und leicht bräunen. Aus der Pfanne nehmen und abkühlen lassen, dann grob hacken. Die Roten Beten in Stücke schneiden, den Schafskäse leicht trocken tupfen und ebenfalls grob zerteilen. Knoblauch schälen und klein würfeln. Alles in eine Schüssel oder noch besser in einen hohen Rührbecher geben. Dill waschen und trocken schütteln, fein hacken, dabei etwa ein Drittel der feinen Spitzen beiseitelegen. Den Rest in den Becher geben.

2. Alles mit dem Pürierstab fein und cremig pürieren, dabei nach und nach das Öl einfließen lassen. Anschließend den Dip mit Kreuzkümmel, Salz, Pfeffer, Zitronensaft und nach Belieben mit Honig abschmecken. Vor dem Servieren den restlichen Dill unterrühren und eventuell etwas davon als Deko aufstreuen.

DER MUTIGE TIPP

Ein bisschen Honig mildert den leicht erdigen Geschmack der Roten Bete und die leicht bittere Note der Walnüsse, während ein wenig Kreuzkümmel ihn sogar noch dezent unterstreicht. 2–3 EL Ouzo oder ein anderer Aperitiflikör (wie Pastis) mit süßlicher Anisnote bringt hier zusätzlich neben Süße noch den ganz besonderen Aromapfiff – wer auf Alkohol verzichten will, kann stattdessen auch etwas gemahlenen Anis nehmen.

PINK COUSCOUSSALAT

Für 2 Personen | 25 Min. Zubereitung

100 g Couscous
Salz
200 g gegarte Rote Bete (siehe S. 124, ersatzweise vorgegart und vakuumiert)
4 EL Zitronensaft
Saft von ½ Orange
½ TL Zimtpulver
½ TL gemahlener Kreuzkümmel
¼ TL gemahlener Koriander
Pfeffer
3 EL natives Olivenöl
5 Stängel Dill
6 Stängel Koriandergrün
100 g Halloumi (griech. Grillkäse)
½ EL Olivenöl zum Braten

1. 100 ml Wasser in einem Topf aufkochen, Couscous dazugeben und salzen. Einmal aufkochen lassen, dann 10 Min. bei kleiner Hitze garen, mit einer Gabel auflockern, vom Herd nehmen und zugedeckt 5 Min. nachquellen lassen, dann offen lauwarm abkühlen lassen.

2. Inzwischen die Roten Beten klein würfeln. 3 EL Zitronensaft, Orangensaft, Zimt, Kreuzkümmel und Koriander unterrühren, mit Salz und Pfeffer würzen, dann 3 EL Olivenöl kräftig unterschlagen. Mit den Roten Beten unter den lauwarmen Couscous mischen.

3. Kräuter waschen, trocken schütteln, Blättchen bzw. Spitzen abzupfen und grob zerschneiden. Den Halloumi trocken tupfen und in Würfel schneiden. Eine Pfanne dünn mit übrigem Öl auspinseln und die Käsewürfel darin bei mittlerer Hitze rundum leicht braun anbraten. Den Couscoussalat mit Salz, Pfeffer und übrigem Zitronensaft abschmecken. Halloumi und Kräuter unterheben und servieren.

DER MUTIGE TIPP

Wer möchte, kann für etwas mehr Frische noch etwas klein geschnittenen Rucola, eine Handvoll Babyspinat oder Vogerlsalat oder möglichst zarte klein gezupfte Grünkohlblätter unter den Salat mischen. Der Salat lässt sich natürlich auch hervorragend mit gegarten Couscous- oder Bulgurresten zubereiten, dazu braucht es dann jeweils gut 300 g gegartes Getreide. Kein Halloumi zu bekommen? Dann gelingt der Salat auch mit Schafskäse (Feta), der nicht einmal gebraten werden muss.

6.

LANGSAM & GEMÜTLICH …

… (OFEN-)GERICHTE ZUM RUNTERKOMMEN

Kochen ist für mich eine fast **MEDITATIVE BESCHÄFTIGUNG**, bei der ich mich über Lebensmittel, Düfte, Geräusche, Geschmack und **MEINE KREATIVITÄT** – machen zu dürfen, was ich will – freue. Nockerl stechen, Gemüse schälen und schneiden, würzen – und die Hauptarbeit übernimmt dann einfach der Herd!

SELBST GESCHABTE SPÄTZLE

500 g Mehl (Wiener Griessler, doppelgriffiges Spätzle-Mehl oder Weizenmehl Type 405 oder 550)
Salz
6 Eier
200 ml Milch (oder kohlensäurehaltiges Mineralwasser)

Für 4 Personen
50 Min. Zubereitung
30 Min. Garen

1. Das Mehl mit 1 TL Salz in einer großen Rührschüssel mischen. Eier aufschlagen und dazugeben, dann etwas mehr als die Hälfte Milch oder Mineralwasser dazugießen. Alles gut mit einem Holzlöffel oder Schneebesen verrühren, dabei nach und nach übrige Milch oder Mineralwasser unterarbeiten bis ein eher zähflüssiger Teig entstanden ist. Hier immer langsam nachgießen und schauen, ab wann der Teig die richtige Konsistenz bekommt: Er sollte eher zäh und fest wie ein Rührteig sein, auf keinen Fall dünn und flüssig wie Pfannkuchenteig.

2. Den Teig nun mit einem Holzlöffel so lange immer wieder gegen den Rand der Rührschüssel schlagen, bis er richtig schön glatt ist und anfängt Blasen zu werfen. Anschließend 30 Min. mit einem sauberen Tuch abgedeckt ruhen lassen.

3. In einem großen Topf reichlich Wasser zum Kochen bringen und salzen, dann die Temperatur etwas reduzieren. Etwas Teig dünn auf den vorderen Teil (vorderes Drittel oder Viertel des Bretts) eines Spätzlebretts (oder einfach ein normales Holzbrett, das vorne möglichst abgeflacht sein sollte) streichen. Das Brett mit dem Teig leicht schräg über das Kochwasser halten und mit einem speziellen Spätzleschaber oder einer Teigpalette den Teig in Streifen vom Brett ins siedende Wasser schaben. Wenn der Teig vom Brett abgeschabt ist, neuen aufstreichen und den Vorgang wiederholen.

4. Sobald die Spätzle an die Oberfläche aufsteigen, sind sie fertig. Die Spätzle dann mit einem Schaumlöffel herausheben und in eine Schüssel geben. So nach und nach den gesamten Teig portionsweise verarbeiten. Bereits fertige Spätzle lassen sich in einer ofenfesten Schüssel bei 90° im Ofen warm halten. Die Spätzle schmecken wunderbar als Beilage zu Gulasch (siehe S. 158), Hühnchengeschnetzeltem (siehe S. 72) oder anderen Fleischgerichten mit Sauce, aber vegetarischen Gerichten mit ordentlich Sauce.

KLEINE HELFER

Wer sich nicht traut oder keine Zeit hat, die Spätzle von Hand zu schaben, kann natürlich auch einen Spätzlehobel oder eine Spätzlepresse verwenden. Beim Hobel wird ein Metallbrett mit einem beweglichen Teigschlitten auf den Topf aufgelegt, der Teig eingefüllt und durch das Hin-und-her-Bewegen des Schlittens fallen kurze, kleine Tröpfchen, Knöpfle, in den Topf. Bei der Presse, die einer Kartoffelpresse ähnelt, wird der Teig eingefüllt und kommt dann in langen, dünneren Fäden ins Kochwasser. Es lohnt sich übrigens, gleich eine große Portion Spätzle zu machen: fertig gegart, abgetropft und abgekühlt lassen sie sich portionsweise einfrieren. Später einfach auftauen und in einer Pfanne mit etwas Butter aufwärmen und braten.

DER MUTIGE TIPP

Mit frischen Kräutern wie Bärlauch, Basilikum, Petersilie, Kerbel und Schnittlauch (auch gerne gemischt) lassen sich normale Spätzle in leuchtend grüne Kräuterspätzle wandeln. Dazu die Kräuter möglichst fein hacken und einfach unter den Teig mischen oder schon vorab mit 150 ml Wasser fein pürieren und das Kräuterwasser anstelle des Mineralwassers unter den Teig rühren – dann nur noch so viel Wasser wie nötig dazugeben. Für die angegebene Menge an Teig reichen etwa 50 g Kräuter.

MEIN REZEPT FÜR KÄSESPÄTZLE

Aus den Spätzle lassen sich ruckzuck ohne viel Aufwand herrlich üppige Käsespätzle zaubern: Am besten während der Teig noch ruht, gut 300 g Käse (z. B. Allgäuer Emmentaler, Bergkäse oder eine Mischung aus beiden) auf der Käsereibe eher grob reiben. Wer möchte, gibt dann immer eine fertige Lage Spätzle in eine Auflaufform und bestreut sie mit etwas Käse. So weiter fortfahren, bis Spätzleteig und Käse aufgebraucht sind. Die Spätzle zwischendurch immer wieder in den warmen Ofen (90°) stellen. Nebenbei 2–3 große Zwiebeln schälen, halbieren und die Hälften in dünne Ringe schneiden. In einer Pfanne 3 EL Butter schmelzen, darin die Zwiebeln langsam bei kleiner bis mittlerer Hitze erst goldgelb und weich dünsten, dann gegen Ende die Hitze eventuell leicht erhöhen und sie schön goldbraun rösten – das geht gute 10 Min.! Die Spätzle nochmals durchrühren, damit der Käse schön Fäden zieht, und die braunen Zwiebeln samt Butter darüber verteilen.

SOMMERLICHES BLECHGEMÜSE

Für 2 Personen | 15 Min. Zubereitung | 45 Min. Garen

250 g kleine, junge Erdäpfel (z. B. Drillinge)
4 ½ EL natives Olivenöl
Salz - Pfeffer
1 kleine Fenchelknolle
1 Karotte
2 kleine (rote und gelbe) Paprika
1 kleiner Zucchino
1 rote Zwiebel
2 Knoblauchzehen
2 Zweige Rosmarin
3 Zweige (Zitronen-) Thymian
½ Bio-Zitrone
½ TL Fenchelsamen
125 g Kirschtomaten

1. Den Backofen auf 200° vorheizen. Erdäpfel in kaltem Wasser gründlich sauber bürsten, dann einmal längs halbieren, größere Erdäpfel vierteln. Auf ein (tiefes) Blech geben, mit 1 TL Öl mischen, salzen, pfeffern. Im heißen Ofen (Mitte) 10–15 Min. vorgaren.

2. Inzwischen Fenchel waschen, putzen, vierteln, den Stunk keilförmig nur so herausschneiden, dass die einzelnen Teile noch zusammenhalten. Die Viertel jeweils nochmals halbieren. Die Karotte schälen und schräg in 2–3 mm dicke Scheiben schneiden. Paprika halbieren, weiße Trennwände und Kerne entfernen, waschen und in ca. 3 cm große Stücke schneiden. Zucchino waschen, putzen, längs halbieren und die Hälften in ca. 4 cm lange Stücke schneiden. Zwiebel und Knoblauch schälen, die Zwiebel längs in ca. 5 mm dicke Spalten schneiden, den Knoblauch in Scheiben.

3. Die Kräuter waschen, trocken schütteln, Blättchen bzw. Nadeln abzupfen und nicht zu fein hacken. Zitrone waschen, abtrocknen, die Schale fein abreiben und den Saft auspressen. Fenchelsamen im Mörser grob zerstoßen oder mit einem großen Messer kleiner hacken. Mit übrigem Öl, ½ TL Zitronenschale und 2 EL -saft verrühren und mit den Kräutern zum Gemüse geben. Salzen und pfeffern, dann alles gründlich mischen, bis das Gemüse gleichmäßig mit dem Würzöl überzogen ist. Tomaten waschen, halbieren, salzen und pfeffern.

4. Das Blech kurz aus dem Ofen nehmen, das Gemüse mit den Erdäpfeln mischen, zuletzt die Tomaten vorsichtig unterheben. Wieder in den Ofen (Mitte) schieben und weitere 30–35 Min. garen, dabei eventuell einmal durchrühren. Das Gemüse einfach so – ganz leicht abgekühlt – mit frischem Brot, Couscous oder Bulgur genießen. Wer möchte, bestreut es noch mit zerkrümeltem Schafskäse (Feta) oder geriebenem Parmesan oder serviert es mit der Joghurt-Minz-Sauce von S. 138 oder der Petersilien-Tahin-Sauce von S. 141.

DER MUTIGE TIPP

Wer möchte, bestreut das Gemüse mit einer Mischung aus gerösteten Kürbis- und Sonnenblumenkernen, Sesam und klein gehackten frischen Kräutern (Petersilie, Basilikum, Oregano), etwas Ajowan (Königskümmel), Schwarzkümmel (Nigella) oder Za'atar.

WINTER-OFENGEMÜSE

Für 2 Personen | 20 Min. Zubereitung | 1 Std. Garen

2 dicke Karotten
150 g schlanke Pastinaken
3 kleine Rote oder bunte Bete
200 g Steckrüben
2 rote Zwiebeln
2 Knoblauchzehen
4 Zweige Thymian
¾ TL Korianderkörner
4 Msp. Chiliflocken
4 EL Olivenöl
Salz - Pfeffer
1 TL körniger Senf
75 ml frisch gepresster Orangensaft (ersatzweise Apfelsaft)
100 ml Gemüsebrühe (nach Bedarf)
½ Bund Petersilie
Hüttenkäse (nach Belieben)
Schnittlauchröllchen (nach Belieben)

1. Den Backofen auf 220° vorheizen. Die gesamten Wurzelgemüse waschen und schälen (dazu bei den Roten Beten eventuell Gummihandschuhe tragen, da sie färben). Karotten und Pastinaken je nach Dicke einmal längs halbieren oder vierteln, dann in 4–5 cm lange Stücke schneiden. Die Roten Beten achteln, die Steckrübe in ca. 1 cm dicke und 4–5 cm lange Stifte schneiden. Zwiebeln schälen und längs in dickere Spalten schneiden. Den Knoblauch schälen und in Scheiben schneiden. Thymian waschen, trocken schütteln, Blättchen abzupfen und fein hacken. Alles auf ein (tiefes) Blech geben.

2. Korianderkörner im Mörser grob zerstoßen, mit Chiliflocken und Öl zum Gemüse geben, salzen und pfeffern und alles gründlich mit den Händen mischen, bis das Gemüse gleichmäßig mit Öl und Gewürzen überzogen ist. Im heißen Ofen (Mitte) ca. 10 Min. garen.

3. Inzwischen Senf und Orangensaft mit der Hälfte der Brühe verrühren. Zum Gemüse geben und alles einmal gründlich durchrühren. Dann alles weitere 40–50 Min. garen, bis das Gemüse leicht geröstet und gar ist, dabei noch ein- bis zweimal durchrühren und bei Bedarf restliche Brühe (oder Wasser) dazugießen.

4. Kurz vor Garzeitende die Petersilie waschen, trocken schütteln, Blättchen abzupfen und grob zerschneiden. Das Gemüse aus dem Ofen nehmen, ganz kurz abkühlen lassen, dann die Petersilie untermischen und servieren. Dazu eventuell die Joghurt-Minze-Sauce von S. 138 oder die Petersilien-Tahin-Sauce von S. 141 reichen. Wer möchte, kann auch einfach etwas Hüttenkäse und frischen Schnittlauch anstelle von Petersilie darüber verteilen.

DER MUTIGE TIPP

Wer möchte, mischt noch ½ TL grob zerstoßene Anissamen mit dem Koriander unter das Gemüse. Beim Gemüse lässt sich munter tauschen! Es passt halbierter Rosenkohl, in dicke Ringe geschnittener Lauch, geschälte und halbierte Topinamburknollen, Petersilienwurzel- und Knollensellerie-stücke sowie nicht zu große Erdäpfelwürfel.

JOGHURT-MINZE-SAUCE

Für 1-2 Personen | 10 Min. Zubereitung

1 Knoblauchzehe
(nach Belieben)
Salz
200 g griechischer Joghurt
(10 % Fett)
3 Stängel Minze
Pfeffer
¼ TL Kreuzkümmel
2 Msp. Chiliflocken

1. Nach Belieben Knoblauch schälen und auf einem Küchenbrett grob zerschneiden. Mit etwas Salz bestreuen, dann mit der flachen Klinge eines Schneidemessers zerdrücken und ganz fein zermusen. Sofort mit dem Joghurt mischen.

2. Die Minze waschen, trocken schütteln, Blättchen abzupfen und ganz fein zerschneiden. Unter den Joghurt rühren. Mit Salz, Pfeffer, Kreuzkümmel und Chili würzen.

3. Zugedeckt noch 15 Min. (evtl. im Kühlschrank) durchziehen lassen. Der Dip kann als Salatdressing, Sauce zu Gegrilltem oder Kurzgebratenem (auch Gemüse) oder als Ergänzung zum Griechischen Bohnenragout (siehe S. 47) oder zum Orientalischen Kichererbsen-Süßkartoffel-Topf (siehe S. 44) zum Einsatz kommen.

MEIN TIPP

Das für das typische Knoblaucharoma verantwortliche Allicin entfaltet sich erst dann richtig, wenn es in Kontakt mit Sauerstoff kommt. Entsprechend lässt sich der typische »Knofigeschmack« auch beim Verarbeiten etwas lenken: Wer viel will, zerhackt oder zermust die Zehen fein – so kann schnell viel Allicin mit Sauerstoff reagieren und es schmeckt richtig intensiv. Wer nur einen Hauch von Knoblauch möchte, sollte die Zehen einfach nur halbieren oder in Scheiben schneiden und sie so als dezente Würze nutzen – entsprechend wird Knoblauch in diesem Buch bei allen Rezepten etwas unterschiedlich verarbeitet!

DER MUTIGE TIPP

Wer möchte, mischt noch etwas Sumach oder Za'atar unter den Dip oder würzt ihn mit etwas abgeriebener Bio-Zitronen- oder -Limettenschale und ein paar Spritzern Zitronen- oder Limettensaft.

PETERSILIEN-TAHIN-SAUCE

Für 1–2 Personen | 10 Min. Zubereitung

35 g Petersilie
3 EL Tahin
2 EL Olivenöl
Saft von 1 Zitrone
¼ TL gemahlener Kreuzkümmel
¼ TL gemahlener Koriander
Salz – Pfeffer

Außerdem:
5 Eiswürfel

1. Die Eiswürfel in einer Tasse mit wenig kaltem Wasser übergießen, kräftig durchrühren und leicht schmelzen lassen. Inzwischen Petersilie waschen und trocken schütteln, lediglich sehr dicke Stängel entfernen, feine Stiele mitverarbeiten. Die Petersilie mit einem scharfen Messer grob zerschneiden.

2. Die Petersilie mit Tahin, Olivenöl, Zitronensaft, Kreuzkümmel und Koriander in der Küchenmaschine oder mit dem Pürierstab möglichst fein pürieren, dabei nach und nach so viel Eiswasser dazugeben, bis eine lockere, luftige Creme entstanden ist. Mit Salz und Pfeffer würzen.

MEIN TIPP

Die Sauce passt perfekt zu gegrilltem Fleisch, Fisch oder (Ofen-)Gemüse, lässt sich aber auch mit etwas mehr (Eis-)Wasser püriert als Dressing für Salate (besonders gut in Kombination mit Kichererbsen) verwenden. Wer möchte, kann bei den Kräutern auch mal variieren, z. B. einen Teil der Petersilie durch Koriandergrün oder Basilikum ersetzen oder auch etwas frische Minze beimischen.

PESTO ALLA GENOVESE

Für 4–6 Personen | 25 Min. Zubereitung

2 EL Pinienkerne
70 g Parmesan
30 g Pecorino
80 g frisches Basilikum
2 Knoblauchzehen
Salz
125 ml natives Olivenöl,
plus mehr zum Aufbewahren
Pfeffer

1. Die Pinienkerne in einer Pfanne ohne Fett rösten, bis sie leicht duften und ganz leicht bräunen. Herausnehmen und abkühlen lassen. Beide Käsesorten auf der Käsereibe fein reiben. Das Basilikum ganz vorsichtig waschen und trocken schütteln, die Blättchen abzupfen und auf ein sauberes Geschirrtuch verteilen, mit einem zweiten Tuch ohne viel Druck so gut wie möglich trocken tupfen.

2. Den Knoblauch schälen und grob zerschneiden. Mit etwas Salz in einen Mörser geben und zerdrücken, dann nach und nach Basilikumblätter dazugeben und zerdrücken. Nach und nach wenig Öl unterarbeiten. Pinienkerne dazugeben und zerdrücken. Zuletzt den Käse untermischen und alles mit dem restlichen Öl verrühren. Mit Salz und Pfeffer würzen und in ein sauberes Schraubglas füllen.

3. Das Pesto vor dem Verschließen mit etwas Olivenöl bedecken – so hält es sich im Kühlschrank 1–3 Wochen. Das Pesto ist natürlich der Klassiker zu Pasta, adelt aber auch jedes Gemüse – egal ob gedünstet, gegrillt oder gebraten – und schmeckt genauso gut zu einem kräftigen, kurzgebratenen Fleisch. Ein Löffel davon auf den Rund-ums-Jahr-Gemüseeintopf von S. 38 ist das absolute Tüpfelchen auf dem i!

MEIN TIPP

Das Original aus Genua wird von Hand im Mörser zubereitet. Durch das langsame Mörsern entfalten sich die Aromen von Knoblauch und Basilikum nach und nach und werden anschließend im Olivenöl gebunden. Das ist viel (Hand-)Arbeit, die sich aber lohnt! Schneller geht es in der Küchenmaschine oder mit dem Pürierstab. Der sorgt aber dafür, dass Knoblauch und Basilikum blitzschnell zerfetzt werden und so alle Aromen so gut wie auf einmal freigesetzt werden und mit Sauerstoff oxidieren – darum kann das Pesto leicht bitter schmecken. Wer sich nicht die Mühe machen will, von Hand zu arbeiten, der sollte zumindest immer nur langsam und stoßweiße pürieren und immer gleich etwas Öl dazugeben.

MEINE MAYONNAISE FÜR ANNIKA

1 ganz frischer Bio-Eidotter (Größe M)
1 ganz frisches Ei (Größe M)
1 TL Senf
2 TL Weißweinessig (nach Belieben)
2 TL Zitronensaft
Salz – Pfeffer
180 ml Sonnenblumenöl

Für ca. 200 g
10 Min. Zubereitung

1. Wichtig: die Zutaten alle rechtzeitig aus dem Kühlschrank nehmen, sie sollten alle in etwa die gleiche (Zimmer-)Temperatur haben, um sich später gut zu verbinden. Eidotter und Ei in einen hohen Rührbecher geben, Senf, je 1 TL Essig und Zitronensaft, Salz und Pfeffer dazugeben.

2. Alles mit dem Pürierstab einmal durchmixen. Dann das Öl tröpfchenweise dazugeben und jeweils gut untermixen. Diesen Vorgang so lange fortführen, bis die Masse anzudicken beginnt. Dann das Öl in möglichst dünnem Strahl ständig zulaufen lassen, dabei den Pürierstab immer von unten nach oben ziehen und weitermixen. Dabei nur so lange Öl dazugeben, bis die gewünschte Konsistenz erreicht ist.

3. Die fertige Mayonnaise mit restlichem Essig und Zitronensaft, Salz und Pfeffer abschmecken. Die Mayonnaise hält so in ein Schraubglas gefüllt verschlossen 3–4 Tage im Kühlschrank. Sie schmeckt als Dip oder ist beste Grundlage für andere Saucen und Dressings.

MEIN TIPP

Die Mayonnaise kann prinzipiell auch mit ganzen Eiern, also Eiklar und Eidotter hergestellt werden. Allerdings wird sie nicht ganz so fest und cremig wie ausschließlich mit Eidotter zubereitete. Wer keinen Pürierstab hat, kann seine Mayonnaise auch ganz klassisch von Hand machen. Dazu alle Zutaten wie in Step 1 beschrieben in eine standfeste Rührschüssel geben. Das Öl erst tröpfchenweise mit dem Schneebesen kräftig unterschlagen. Sobald die Masse anfängt anzudicken, das Öl in dünnem Strahl angießen und dabei immer schön weiterschlagen. Das erfordert etwas mehr Zeit, Geduld und Muskelkraft, geht aber genauso gut. Sollte sich das Öl ab einem gewissen Zeitpunkt nicht mehr mit der Mayonnaise verbinden: kein neues angießen, sondern das vorhandene einfach etwas länger kräftig unterarbeiten. Wer möchte, kann die Mayo auch mal mit Olivenöl oder einer Mischung aus eher neutral schmeckendem Sonnenblumen- und geschmacksintensivem Olivenöl zubereiten. Vorsicht: Das verändert den Geschmack der Mayonnaise und macht sie herber.

FIX ABGEWANDELT

Mit frischen Kräutern lässt sich die Mayonnaise immer wieder neu abwandeln; erlaubt ist, was gefällt und gerade Saison hat. Würziger Schnittlauch, zarter Kerbel oder feiner Estragon, mediterranes Basilikum, ja sogar Koriandergrün oder gemischte (Wild-)Kräuter haben ihren Reiz.

ZITRONENMAYONNAISE

Anstelle von Essig einfach nur Zitronensaft verwenden. Dann die fertige Mayonnaise mit dem Abrieb von ½ Bio-Zitrone und Zitronensaft nach Wunsch nachwürzen. Hier lohnt es sich, geschmacklich auf jeden Fall einen Teil des Öls durch Olivenöl zu ersetzen. Wer möchte, macht nur die Hälfte der Mayonnaise und rührt am Ende noch 150 g Crème fraîche oder Topfen unter die Mayonnaise, was ihr neben Cremigkeit noch eine schöne Säure verleiht.

SAUCE TARTARE

Ca. 100 g fertige Mayonnaise mit 100 g Crème fraîche oder Schmand glatt verrühren. Dann mit 1 klein gewürfelten hart gekochten Ei, 2–3 möglichst klein gewürfelten Essiggürkchen, 8–10 klein geschnittenen Silberzwiebelchen, 2–3 klein gehackten in Öl eingelegten Sardellenfilets und 1 TL Kapern mischen. Mit Salz, Pfeffer, 1 Msp. Chilipulver oder etwas edelsüßem Paprikapulver abschmecken und mit gehackten Kräutern (Petersilie, Estragon und oder Schnittlauch) mischen. Wunderbar zu Tafelspitz, Sellerieschnitzel oder gebackenen Champignons!

TOMATEN-SCHAFSKÄSE-GRATIN

Für 2 Personen | 15 Min. Zubereitung | 25 Min. Garen

2 grüne (türkische) Spitzpaprika
500 g bunte Kirschtomaten
1 rote Zwiebel
1 Knoblauchzehe
8 kleine schwarze Oliven (mit Stein)
½ TL getrockneter Oregano
1 TL Aceto balsamico
3 EL Olivenöl zum Braten
Salz - Pfeffer
100 g Schafskäse (Feta)
½ Bund Basilikum

1. Den Backofen auf 200° vorheizen. Paprika längs halbieren, weiße Trennwände und Kerne entfernen, waschen und quer in ca. 5 mm dicke Streifen schneiden. Kirschtomaten waschen und halbieren. Zwiebel schälen, längs halbieren und in dünne Spalten schneiden. Knoblauch schälen und fein hacken. Alle vorbereiteten Zutaten in einer ofenfesten, kleinen Auflaufform mit Oliven, Oregano, Aceto balsamico und Olivenöl gründlich mischen, salzen und pfeffern.

2. Den Schafskäse trocken tupfen, in grobe Stücke schneiden oder mit einer Gabel zerbrechen und auf dem Gemüse verteilen. Im heißen Ofen (Mitte) 20–25 Min. garen. Wer möchte, schaltet am Ende den Grill zu und grillt alles noch 3–5 Min., bis Gemüse und Feta leicht zu bräunen beginnen.

3. Inzwischen Basilikum waschen, trocken schütteln, Blätter abzupfen und in breitere Streifen schneiden. Das fertige Gemüse mit dem Feta aus dem Ofen nehmen, 5 Min. abkühlen lassen, dann mit Basilikum bestreuen und servieren.

MEIN TIPP

Wer im Sommer frische Kräuter zur Hand hat, nimmt statt getrocknetem Oregano klein gehackte frische Kräuter. Hier passen z. B. 3–4 Zweige Oregano, gerne auch 1–2 Zweige Majoran oder Thymian.

ÜPPIG GEFÜLLTE PILZE

Für 2 Personen | 20 Min. Zubereitung | 15 Min. Garen

1 Stange Lauch
1 Knoblauchzehe
4 Portobello-Pilze (ersatzweise 8 möglichst große Champignons)
1 kleines Bund Petersilie
50 g durchwachsener Räucherspeck
3 EL Olivenöl zum Braten
Salz - Pfeffer
5 EL Gemüsebrühe
1 ½ EL Crème fraîche
100 g geriebener Bergkäse
frisch geriebene Muskatnuss

1. Den Backofen auf 220° erhitzen. Lauch putzen, gründllich waschen und längs vierteln. Die Viertel quer in dünne Stückchen schneiden. Knoblauch schälen und fein hacken. Die Portobello-Pilze säubern. Die Stiele herausschneiden und fein würfeln. Petersilie waschen, trocken schütteln, Blättchen abzupfen und grob zerschneiden. Speck in kleine Würfel schneiden.

2. In einer großen beschichteten Pfanne die Hälfte des Öls erhitzen, darin die Pilzkappen von beiden Seiten jeweils 2–3 Minuten anbraten. Herausnehmen und mit der gewölbten Seite nach unten in eine ofenfeste Form legen, leicht salzen und pfeffern. Übriges Öl in die Pfanne geben, darin Speck und Knoblauch kurz andünsten. Lauch- und Pilzwürfel dazugeben und bei mittlerer bis großer Hitze unter Rühren braten, bis der Lauch leicht bräunt. Mit Brühe ablöschen und diese unter Rühren vollständig verkochen lassen, vom Herd nehmen.

3. Crème fraîche, jeweils zwei Drittel Käse und Petersilie unterrühren, kräftig mit Salz, Pfeffer und Muskatnuss würzen. Die Masse auf den Pilzen verteilen und leicht festdrücken, mit übrigem Käse bestreuen. Im Ofen (Mitte) in ca. 15 Minuten hellbraun überbacken. Herausnehmen, mit restlicher Petersilie bestreuen und servieren.

MEIN TIPP

Für eine Veggiefüllung ersetze ich den Speck durch eine dicke, grob geraspelte Karotte, die ich zusammen mit Lauch und Pilzen andünste.

7.

MAL RICHTIG TOLL AUFKOCHEN

... DANN AUCH MAL FÜR VIELE

Kochen für Gäste und Freunde finde ich wunderbar. Dabei muss ich nicht als Profiköchin glänzen, viel lieber sind mir **EINFACHE, ERKENNBARE GERICHTE,** die alle mögen und die genug Zeit **ZUM ENTSPANNTEN ZUSAMMENSEIN** lassen. Perfekt ist alles, was der Mehrheit mundet.

PULPO AUF ERDÄPFELCREME

Für 4 Personen | 45 Min. Zubereitung | 1 Std. Garen

Für den Pulpo:
1 kg küchenfertiger Oktopus (Pulpo)
5 Stängel Petersilie
Salz
2 Lorbeerblätter
1 Knoblauchzehe
3 EL Olivenöl zum Braten
Pfeffer

Für die Erdäpfelcreme:
1 Zwiebel
400 g mehligkochende Erdäpfel
1 Lorbeerblatt
750 ml Gemüsebrühe (oder Fond aus dem Glas)
60 g Obers
30 g kalte Butter
Salz – Pfeffer

Für das Basilikumöl:
1 Bund Basilikum
1 Msp. Chiliflocken
100 ml natives Olivenöl
2 Msp. abgeriebene Bio-Zitronenschale

1. Den Oktopus kalt abspülen. Petersilie waschen. In einem Topf reichlich Wasser aufkochen, salzen. Oktopus mit Petersilie und Lorbeerblättern einlegen. Einmal aufkochen, dann bei kleiner bis mittlerer Hitze ca. 1 Std. garen, bis der Oktopus weich ist, dabei nach der Hälfte der Zeit einmal wenden.

2. Inzwischen für die Sauce Zwiebel schälen und fein würfeln. Erdäpfel waschen, schälen und in ca. 1 cm große Würfel schneiden. Das Lorbeerblatt halbieren. Alles mit 600 ml Brühe in einen Topf geben und einmal aufkochen lassen, dann offen bei mittlerer Hitze ca. 15 Min. köcheln lassen, dabei sollte möglichst fast alle Flüssigkeit verkochen, darum am Ende aufpassen, damit nichts anbrennt.

3. Lorbeerblatt aus den Erdäpfeln fischen, übrige Brühe falls nötig abgießen. Erdäpfel mit dem Kartoffelstampfer fein zerstampfen. Wer die Creme ganz fein haben möchte, streicht sie eventuell noch durch ein feines Sieb. Dann übrige Brühe und Obers dazugießen und unter Rühren heiß werden lassen, 2–3 Min. unter Rühren köcheln lassen. Butter in Stücke schneiden und unter die Erdäpfelcreme rühren. Vom Herd nehmen, mit Salz und Pfeffer würzen. Zugedeckt abkühlen lassen, dabei ab und an umrühren.

4. Oktopus aus dem Kochwasser heben und eiskalt abschrecken. Arme abtrennen, nach Wunsch in kleinere Stücke schneiden. Den Kopf halbieren, dabei harte Knorpel und das Mundwerkzeug entfernen, das Fleisch kleiner schneiden. Knoblauch samt Schale halbieren.

5. Für das Basilikumöl Basilikum waschen, trocken schütteln, Blättchen abzupfen. In einem Mörser mit den Chiliflocken fein zerstoßen, dabei nach und nach das Öl einarbeiten, zum Schluss den Zitronenabrieb untermischen.

6. In einer Pfanne 3 EL Olivenöl erhitzen, den Oktopus darin ca. 1 Min. scharf anbraten. Knoblauch dazugeben und 1 weitere Min. mitbraten. Salzen, pfeffern und vom Herd nehmen. Erdäpfelcreme auf Teller verteilen und mit etwas Basilikumöl beträufeln, den Oktopus darauf anrichten und servieren.

MEIN SCHWEINEBRATEN

Für 4–6 Personen | 1 Std. Marinieren

2 kg Schweinebraten mit Knochen (Schweinehals, den Knochen beim Metzger auslösen lassen)
2 EL mittelscharfer Senf
Salz - Pfeffer
1 Knoblauchknolle (ca. 10 Zehen)
4 EL Kümmelsamen
2 Karotten
1 kleine Petersilienwurzel
150 g Knollensellerie
3 Zwiebeln

1. Das Fleisch trocken tupfen und rundum mit Senf einstreichen, salzen und pfeffern. Knoblauch schälen und in grobe Würfel schneiden. Kümmel im Mörser nicht zu fein zerstoßen. Knoblauch und 1 TL Salz dazugeben und alles zu einer Paste zermusen - es muss gar nicht ganz fein sein. Das Fleisch in einen großen Gusseisenbräter legen, die Knoblauch-Kümmel-Paste auf einer Seite des Fleisches - idealerweise der mit weniger Fett - verteilen und glatt andrücken. Den Bräter abdecken und das Fleisch möglichst 1 Std. im Kühlschrank ziehen lassen.

2. Den Backofen auf 200° vorheizen, währenddessen Karotten, Petersilienwurzel und Sellerie schälen und in grobe Stücke schneiden. Die Zwiebeln schälen und halbieren. Alles samt den Knochen rings um den Braten in den Bräter legen. Den Bräter offen in den heißen Ofen stellen (unten) und alles 30–45 Min braten lassen.

3. Die Backofentemperatur auf 150° reduzieren. Ca. 500 ml Wasser dazu- aber nicht über das Fleisch gießen. Ca. 2 Std. garen, dabei möglichst alle 15–20 Min. das Fleisch mit dem Wasser aus dem Bräter begießen, damit es schön saftig bleibt. Der Braten ist fertig, wenn er sich mit einer Bratengabel weich und ohne Widerstand einstechen lässt.

4. Fleisch aus dem Bräter heben und 5–10 Min. zugedeckt ruhen lassen. Bratensauce durch ein Sieb abgießen und auffangen, nach Wunsch bei großer Hitze leicht einkochen lassen. Fleisch in Scheiben schneiden und mit dem Bratensaft und möglichst frisch geriebenem Kren servieren.

DER MUTIGE TIPP

Wer möchte, gibt neben Lorbeerblättern auch mal ½ TL Wacholderbeeren und ⅓ TL Pimentkörner in die Brühe, oder für einen wärmenden Schärfekick 1 kleine getrocknete Chilischote und 1 kleines Stück Zimtrinde.

MEIN KÖSTLICHER, EINFACHER TAFELSPITZ

Für 4 Personen | 30 Min. Zubereitung | 2 Std. 30 Min. Garen

Für den Tafelspitz:
1 große Zwiebel
750 g Rinderbeinscheiben
500 g Rindermarkknochen
1,2 kg Tafelspitz
2 Knoblauchzehen
3 Karotten
2 Petersilienwurzeln
150 g Knollensellerie
½ Stange Lauch
2 Lorbeerblätter
1 TL schwarze Pfefferkörner
Salz
5 Stängel Petersilie
½ Bund Schnittlauch
Pfeffer
frisch geriebene Muskatnuss

1. Zwiebel samt Schale quer halbieren. Die Zwiebelhälften mit der Schnittfläche nach unten in einen Suppentopf legen und bei mittlerer Hitze dunkelbraun rösten, herausnehmen, Topf vom Herd nehmen.

2. Währenddessen Beinscheiben, Markknochen und Tafelspitz kalt abbrausen. Knochen und Beinscheiben mit ca. 4 l Wasser in den Topf geben. Bei mittlerer Hitze aufkochen lassen und ca. 5 Min. bei kleiner bis mittlerer Hitze leicht köcheln lassen, dabei den aufsteigenden weißen bis bräunlichen Schaum mit einem Schaumlöffel entfernen, damit die Brühe später nicht trüb wird. Tafelspitz einlegen, ebenfalls ca. 5 Min. köcheln lassen und Schaum abnehmen.

3. Inzwischen Knoblauch schälen und halbieren. Das Gemüse je nach Sorte putzen und waschen. Karotten, Petersilienwurzel und Sellerie schälen. Dann alles in größere Stücke schneiden.

4. Das Gemüse mit der angerösteten Zwiebel, Lorbeerblättern und Pfefferkörnern zum Tafelspitz in den Topf geben, leicht salzen. Zugedeckt bei kleiner Hitze 2 Std. – 2 Std. 30 Min. garen, dabei ab und zu den Schaum abschöpfen. Etwa 45 Min. vor Garzeitende die Petersilie waschen und dazugeben.

5. Das Fleisch ist gar, wenn es sich weich und leicht ohne Widerstand einstechen lässt. Wer möchte, nimmt das Gemüse nach 35–45 Min. heraus, wenn es ausreichend gegart ist; es kann dann später klein geschnitten in der Brühe aufgewärmt und serviert werden.

6. Schnittlauch waschen, trocken schütteln und in Röllchen schneiden. Die Brühe nochmals mit Salz, Pfeffer und Muskatnuss abschmecken. Das (klein geschnittene) Gemüse eventuell in der Brühe erhitzen. Währenddessen den Tafelspitz aus der Brühe heben (möglichst nicht zu lange vorher, sonst reagiert er mit dem Sauerstoff und wird unschön grau). Fleisch quer zur Faser in knapp 1 cm dicke Scheiben schneiden. Mit etwas Brühe und Gemüse auf Teller verteilen und mit etwas Schnittlauch bestreuen. Dazu passen ganz klassisch Bratkartoffeln, Erdäpfelsterz (siehe S. 113), Spinat oder Wirsingpüree.

MEIN TIPP

Übrigen Tafelspitz schneide ich am nächsten Tag in dünne Scheiben, lege ihn auf einem Teller aus, gebe hauchdünn geschnittene Zwiebelringe darüber und mache ihn mit etwas Essig, Kürbiskernöl und Brühe als Salat an.

MEIN LIEBLINGSGULASCH

Für 4 Personen | 30 Min. Zubereitung | 3 Std. Garen

1 kg Rindfleisch (aus der Wade)
1 kg Zwiebeln
2 Knoblauchzehen
8 EL Pflanzenöl zum Braten
Salz – Pfeffer
1 TL Kümmelsamen
1 TL getrockneter Majoran
½ TL abgeriebene Bio-Zitronenschale
3 EL edelsüßes Paprikapulver
1 TL rosenscharfes Paprikapulver
1 Lorbeerblatt

1. Das Fleisch trocken tupfen und in 3–4 cm große Stücke schneiden. Zwiebeln und Knoblauch schälen und klein würfeln. Etwa ein Drittel Öl in einem ofenfesten Bräter erhitzen, darin etwa ein Drittel Fleisch rundum kräftig anbraten, gegen Ende salzen und pfeffern, herausnehmen. Übriges Öl und übriges Fleisch ebenso verarbeiten.

2. Zwiebeln und Knoblauch ins heiße Bratfett geben und bei mittlerer Hitze bei gelegentlichem Rühren ganz langsam braten, bis sie schön gebräunt sind, das kann schon einmal gut 10–15 Min. dauern.

3. Inzwischen Kümmel grob zerstoßen. Mit Majoran, Zitronenschale beiden Paprikapulversorten unter die Zwiebeln mischen und kurz mitbraten. Etwa 400 ml Wasser dazugießen, Lorbeerblatt und Fleisch dazugeben. Salzen, pfeffern, den Bräter mit einem Deckel verschließen und in den heißen Ofen (unten) einschieben. Das Gulasch ca. 3 Std. garen, dabei ab und an umrühren und eventuell noch etwas Wasser nachgießen.

4. Kurz vor Garzeitende, wenn das Fleisch weich und die Zwiebeln schön mollig zerkocht sind, mit Salz und Pfeffer abschmecken. Dazu schmecken Knödel, Salzkartoffeln, Spätzle (siehe S. 132) oder auch einfach mal gutes, knuspriges Weißbrot und grüner Salat.

MEIN TIPP

Gut Ding will Weile haben; dafür braucht es aber nicht immer nur die alleredelsten und teuersten Fleischstücke. Für Gulasch nehme ich zum Beispiel am liebsten durchwachsene Rinderwade. Die ansonsten harten, knorpeligen Sehnen wandeln sich bei langen konstanten Gartemperaturen in butterzarte Gelatine und machen das Fleisch saftig und die Sauce herrlich sämig.

MEDITERRANES OLIVENHUHN

Für 4 Personen | 30 Min. Zubereitung | 50 Min. Garen

1 großes Brathendl
(ca. 1,3 kg, vom Metzger
in 8 Stücke zerteilt)
Salz - Pfeffer
2 Tomaten
1 große Zwiebel
2 Knoblauchzehen
1 Zweig Rosmarin
4 Zweige (Zitronen-)
Thymian
5 EL Olivenöl zum Braten
1 ½ EL Tomatenmark
300 ml trockener Weißwein
(ersatzweise Hühnerbrühe)
1 Bio-Zitrone
12 grüne Oliven
½ Bund Petersilie
(oder siehe Tipp)

1. Den Backofen auf 200° vorheizen. Das Huhn kalt abwaschen, dabei mögliche Knochensplitter entfernen und trocken tupfen. Die Teile rundum mit Salz und Pfeffer würzen. Tomaten unten kreuzweise einritzen, in einem Schälchen mit kochend heißem Wasser übergießen und 5 Min. darin ziehen lassen. Anschließend häuten und fein hacken, dabei den Stielansatz entfernen und den Saft auffangen.

2. Währenddessen Zwiebel und Knoblauch schälen. Zwiebel fein würfeln, den Knoblauch in Scheiben schneiden. Rosmarin und Thymian waschen, eventuell etwas kleiner zupfen.

3. In einem Bräter 3–4 EL Öl erhitzen, darin die Fleischstücke bei mittlerer bis großer Hitze rundum braun anbraten, herausnehmen. Je nachdem, wie viel Fett das Huhn abgegeben hat, übriges Öl nachgießen oder überschüssiges Fett weggießen, dann die Zwiebel im Bratfett langsam weich dünsten, das kann gut 5–10 Min. dauern.

4. Gegen Ende Knoblauch dazugeben und mitdünsten. Tomatenmark unterrühren und unter Rühren anrösten, den Weißwein angießen, Tomaten samt Saft unterrühren. Rosmarin, Thymian und die Fleischstücke mit der Hautseite nach oben nebeneinander einlegen. Zitrone heiß waschen, abtrocknen, Schale fein abreiben, den Saft auspressen. Etwa die Hälfte der Schale auf den Hühnchenstücken verteilen.

5. Den Bräter verschließen und das Huhn im heißen Ofen (unten) 20–25 Min. garen. Den Bräter öffnen – falls nötig, wenig Wasser, Wein oder Brühe dazugeben –, die Sauce durchrühren und die Oliven einlegen. Dann das Huhn offen weitere 25 Min. schmoren, bis die Haut schön braun und knusprig ist (wer möchte, kann gegen Ende den Grill für etwa 5 Min. dazuschalten). Kurz vor Garzeitende Petersilie waschen, trocken schütteln, Blättchen abzupfen und grob hacken.

6. Die Hühnchenstücke aus dem Bräter heben, die Sauce mit Salz, Pfeffer, etwas von der übrigen Zitronenschale und 1–3 EL Zitronensaft abschmecken. Einen Großteil Petersilie unterrühren, dann die Hühnerstücke wieder einlegen und alles mit übriger Petersilie bestreuen. Am besten zu Reis oder frischem Weißbrot servieren.

DER MUTIGE TIPP

Wer die Möglichkeit hat, im eigenen Garten oder in Wald und Wiese Wildkräuter zu sammeln, ersetzt die Petersilie einmal durch eine bunte Mischung. Passend sind hier z. B. Giersch, Spitzwegerich, Franzosenkraut, Vogelmiere oder Brennnessel.

KRÄUTERTARTE

Für 1 Tarteform (26 cm Ø, 12 Stück)	30 Min. Zubereitung	30 Min. Kühlen	45 Min. Backen

225 g Dinkelmehl (Type 630, oder Weizenmehl Type 550)
Salz
100 g kalte Butter
4 Eier (Größe M)
200 g frische Wildkräuter (z. B. viel Brennnesseln, Giersch, Vogelmiere und ein wenig Bärlauch)
150 g Schalotten
2 Knoblauchzehen
2 EL Olivenöl zum Braten
Pfeffer
250 g Ricotta
100 g Obers
frisch geriebene Muskatnuss
80 g frisch geriebener Parmesan
3 EL Pinienkerne (oder Walnusskerne)
Mehl zum Arbeiten + Butter für die Form

1. Das Mehl mit einem ½ TL Salz mischen. Die Butter in Stückchen schneiden und daraufgeben. Mit einem Messer alles gut untereinanderhacken, bis die Butterstückchen nur noch klein sind. 1 Ei und 2–4 EL möglichst (eis-)kaltes Wasser dazugeben und zügig ebenfalls unterhacken. Dann alles zwischen den Händen zu feinen Bröseln zerreiben und diese zügig und ohne viel Druck zu einem glatten Teig zusammenfügen. Den Teig zur Kugel formen und in eine verschließbare Gefrierbox geben und im Kühlschrank ca. 30 Min. kalt stellen.

2. Inzwischen die Kräuter verlesen, grobe Stiele entfernen, waschen und trocken schütteln oder tupfen – dabei aufpassen: Brennnesseln brennen! Schalotten und Knoblauch getrennt schälen und fein würfeln. Öl in einer Pfanne erhitzen, darin die Schalotten langsam goldgelb und weich dünsten, dann Knoblauch dazugeben und kurz mitdünsten. Die Kräuter dazugeben und unter Rühren nur so lange dünsten, bis sie zusammenfallen. Mit Salz und Pfeffer würzen und beiseitestellen.

3. Den Backofen auf 180° erhitzen, eine Tarte- oder Springform mit Butter ausfetten. Den Teig auf wenig Mehl auf Formgröße ausrollen und in die Form legen, dabei einen Rand bilden, den Boden mehrmals mit einer Gabel einstechen. 1 Ei trennen und das Eiklar mit 1 Prise Salz steif schlagen.

4. Die übrigen Eier und den Eidotter gründlich mit Ricotta und Obers verrühren, kräftig mit Salz, Pfeffer und Muskatnuss würzen, dann die Kräuter und den Parmesan unterrühren, anschließend den Eischnee locker unterheben. Die Kräutermasse auf dem Teigboden verteilen und mit Pinienkernen bestreuen. Im heißen Ofen (Mitte) in 40–45 Min. backen, bis der Boden knusprig und der Belag hell gebräunt ist. Herausnehmen, etwas ruhen lassen, dann in Stücke schneiden und servieren. Dazu passt wunderbar Tomatensalat.

MEIN TIPP

Wer keine Wildkräuter bekommt, kann alternativ eine Mischung aus 100 g Spinat und 100 g gemischten Kräutern wie Petersilie und anderen Frühlingskräutern (werden oft als Wildkräuter oder Kräuter für Grüne Sauce angeboten) nehmen. Für ein etwas kräftigeres Aroma verwende ich dann gerne noch die Blättchen von 2–3 Zweigen (Zitronen-)Thymian. Ist noch etwas gegarter Spargel übrig? Dann einfach in Stücke schneiden, auf dem Tarteboden verteilen und mit dem Kräuterguss übergießen.

FRÜHLINGSFRISCHE KAROTTENQUICHE

Für 1 Tarteform (26 cm Ø, 12 Stück) | 40 Min. Zubereitung | 45 Min. Kühlen | 40 Min. Backen

125 g Vollkorn-Weizen- oder Dinkelmehl
125 g Weizen- oder Dinkelmehl (Type 550 bzw. 630)
Salz
60 g gemahlene Walnusskerne
100 g kalte Butter
5 Eier (Größe M)
500 g Karotten
2 Zwiebeln
2 Zweige (Zitronen-) Thymian
3 Stängel Estragon
3 Stängel Zitronenmelisse
80 g mittelalter Gouda
3 EL Olivenöl zum Braten
Pfeffer
3 EL trockener Vermouth (z. B. Noilly Prat, ersatzweise Weißwein oder Brühe)
150 g Crème fraîche
150 g Magerquark
Mehl zum Arbeiten
Butter für die Form

1. Beide Mehlsorten mit ½ TL Salz und den Walnüssen mischen. Butter in Stückchen schneiden und daraufgeben. Mit einem Messer alles gut untereinanderhacken, bis die Butterstückchen nur noch klein sind. 1 Ei und 1–3 EL möglichst (eis-)kaltes Wasser dazugeben und zügig ebenfalls unterhacken. Dann alles zwischen den Händen zu feinen Bröseln zerreiben und diese zügig und ohne allzu viel Druck zu einem glatten Teig zusammenfügen. Den Teig zur Kugel formen, in eine verschließbare Gefrierbox geben und im Kühlschrank ca. 30 Min. kalt stellen.

2. Inzwischen die Karotten schälen und auf der Rohkostreibe oder mit der Küchenmaschine grob raspeln. Zwiebeln schälen und fein würfeln. Die Kräuter waschen, trocken schütteln, Blättchen getrennt abzupfen und nicht zu fein zerschneiden. Den Käse fein reiben.

3. Olivenöl in einer Pfanne erhitzen, darin die Zwiebeln langsam weich und goldgelb dünsten, das kann schon einmal 10 Min., dauern. Dann die Karotten und den Thymian dazugeben und kurz andünsten. Salzen, pfeffern, mit Vermouth ablöschen und alles bei mittlerer Hitze unter gelegentlichem Rühren 4–5 Min. garen. Vom Herd nehmen und etwas abkühlen lassen.

4. Den Backofen auf 180° erhitzen, eine Tarte- oder Springform mit Butter ausfetten. Den Teig auf wenig Mehl auf Formgröße ausrollen und in die Form legen, dabei einen Rand bilden, den Boden mehrmals mit einer Gabel einstechen. Übrige Eier mit Crème fraîche, Magerquark und der Karottenmasse verrühren. Die übrigen Kräuter und Gouda untermischen, mit Salz und Pfeffer würzen. Die Karottenmasse auf dem Teigboden verteilen. Die Quiche im heißen Ofen (Mitte) 35–40 Min. backen. Herausnehmen kurz ruhen lassen, dann in Stücke schneiden und servieren.

8.

WAS SÜSSES ZUM SCHLUSS ...

... WO ICH IMMER SCHWACH WERDE

Jeder, der mich kennt, weiß: Süß muss für mich ab und zu sein. Am liebsten **ÖSTERREICHISCHE MEHLSPEISEN,** keine Frage. Weniger aufwendig und oft gesünder ist alles mit **VIEL FRISCHEM OBST** und auf der Basis von **JOGHURT UND TOPFEN.**

MEINE PALATSCHINKEN

180 g Mehl
Salz
400 ml Milch
3 Eier (Größe M)
Butterschmalz zum Ausbacken

Für ca. 8 Stück
45 Min. Zubereitung
30 Min. Ruhen

1. Das Mehl mit 1 Prise Salz in einer Rührschüssel mischen, in die Mitte eine leichte Mulde drücken und die Milch hineingeben. Nun mit einem Schneebesen das Mehl langsam von innen beginnend bis zum Rand der Schüssel in die Milch einrühren, dabei ganz langsam und behutsam vorgehen, damit sich keine Klümpchen bilden.

2. Sobald sich Milch und Mehl gut verbunden haben, die Eier nacheinander dazugeben und mit dem Schneebesen gründlich unterrühren. Zugedeckt 15 Min. quellen lassen, dabei wird der Teig dicker und verbindet sich besser.

3. Eine Pfanne erhitzen, etwas Butterschmalz hineingeben und gleichmäßig so verteilen, dass der Pfannenboden gerade davon überzogen ist. Eine Kelle Teig in die Pfanne geben und durch Schwenken gleichmäßig dünn darin verteilen.

4. Sobald der Palatschinken halbwegs fest ist und sich vom Pfannenboden lösen lässt, wenden. Auf beiden Seiten backen, bis er goldgelb gebräunt ist. Fertig gebackene Palatschinken auf einen Teller legen und mit einem zweiten Teller abdecken, bis die übrigen auch fertig sind. Sie schmecken mit (Zimt-)Zucker bestreut, mit Marmelade bestrichen oder mit Apfelmus (siehe S. 180) gefüllt und aufgerollt als süße Mahlzeit oder als Nachtisch.

Als Wiener Mäderl denke ich bei Süßem natürlich sofort an Mehlspeisen. Die sind meist nicht nur so üppig und satt machend wie eine echte Hauptmahlzeit, sondern auch ganz schön (zeit-)aufwendig in der Zubereitung. So stehen die von mir so geliebten Topfen- oder Zwetschgenknödel, Nockerl und Strudel leider auch bei mir eher selten auf dem Tisch. Was dagegen immer geht, sind Palatschinken – Pfannkuchen. Sie sind recht schnell und einfach gemacht und lassen sich nicht nur süß, sondern auch mal herzhaft füllen.

FEIN UND DÜNN ODER FLUFFIG-DICK

Ich backe meine Palatschinken am liebsten möglich dünn und leicht knusprig am Rand aus. Wer sie lieber etwas dicker und dafür fluffig mag, sollte 50–100 ml Milch durch kohlensäurehaltiges Mineralwasser ersetzen, das lässt den Teig lockerer aufgehen.

MEIN TIPP

Kommen bei mir unangemeldet Freunde oder Gäste, ohne dass ich Zeit habe, Kuchen zu machen, gibt es Palatschinken – denn Eier, Milch und Mehl sind immer im Haus. Dazu stelle ich dann einfach eine Schüssel mit Topfen (vielleicht mit etwas gemahlenem Kardamom aromatisiert) oder Sauerrahm auf den Tisch, dazu ein paar Gläser verschiedene Marmeladen und eingemachten Röster aus dem Vorrat, aus denen sich dann jeder nach Lust und Laune bedienen kann. Pfannkuchenrollen im Hause Wiener lieben alle, fast noch mehr als Kuchen!

ES LOHNT SICH!

Bei Palatschinken lohnt es sich, gleich ein paar mehr zu backen – nicht zuletzt für Topfenpalatschinken (siehe S. 170). Abgekühlt lassen sie sich wunderbar einfrieren: dazu jeweils ein Stück Pergamentpapier zwischen die einzelnen Palatschinken legen, dann so gestapelt in einem Gefrierbeutel oder in einer verschließbaren Gefrierbox einfrieren. Zum Auftauen einzeln auf Kuchengitter legen.

GANZ OHNE ZUCKER

Ich bereite die Palatschinken immer ohne Zucker zu, so lassen sie sich süß oder herzhaft füllen. Bleiben welche übrig, wandern sie z. B. in Streifen geschnitten in eine kräftige Fleischbrühe – ein paar Schnittlauchröllchen darauf und fertig ist die Frittatensuppe! Und neben den erwähnten süßen Füllungen schmecken Palatschinken natürlich auch mit Kräutertopfen oder gewürztem Frischkäse, mit Blattspinat, Rahmpilzen oder einer dick eingekochten Fleischsauce gefüllt. Oder nach französischem Vorbild wie Crêpes schon in der Pfanne mit Schinken und etwas geriebenem Käse belegen, zusammenklappen und in der Pfanne warm halten, bis der Käse geschmolzen ist.

TOPFENPALATSCHINKEN MIT BEEREN

Für 4 Personen | 25 Min. Zubereitung | 25 Min. Backen

RINGERLREZEPT

125 g Himbeeren
½ Bio-Limette
5 Eier (Größe M)
Salz
40 g weiche Butter
6 EL Zucker
Mark von ¼ Vanilleschote
250 g Topfen oder Magerquark
400 g Obers
200 g Sauerrahm
8 Palatschinken (siehe S. 168)
3 EL Mandelblättchen
Butter für die Form
Himbeeren und Minzeblättchen zum Bestreuen (nach Belieben)
Butter für die Form

1. Für die Füllung die Himbeeren vorsichtig waschen und trocken tupfen. Limette waschen, abtrocknen, die Schale fein abreiben und den Saft auspressen. 2 Eier trennen. Eiklar in einer hohen Rührschüssel mit 1 Prise Salz steif schlagen und zugedeckt kühl stellen. Butter in Stücke schneiden und mit den Rührbesen des Handrührgeräts cremig rühren, dabei nach und nach 5 EL Zucker unterrühren. Vanillemark und Limettenschale dazugeben und 2 Eidotter einzeln nacheinander unterrühren. Den Topfen mit einem Kochlöffel einarbeiten und mit 1–2 EL Limettensaft abschmecken, dann den Eischnee vorsichtig unter die Masse heben.

2. Den Backofen auf 180° vorheizen, eine passende ofenfeste Auflaufform mit Butter auspinseln. Für den Guss die übrigen Eier mit Obers, 1 EL Zucker und Sauerrahm verquirlen.

3. Die Pfannkuchen einzeln auslegen und jeweils etwas mehr als über die Mitte ca. 1 cm dick mit Füllung bestreichen. Einige Himbeeren längs in der Mitte aufstreuen, dann die Palatschinken von unten nach oben zur unbestrichenen Seite locker aufrollen oder einschlagen – nicht zu straff! Mit der offenen Seite nach unten in die Auflaufform legen. Den Guss großzügig über die Palatschinken gießen und mit Mandelblättchen bestreuen. Im heißen Ofen (Mitte) in 20–25 Min. goldgelb überbacken.

4. Herausnehmen und ca. 5 Min. ruhen lassen. Währenddessen nach Belieben Himbeeren waschen und trocken tupfen. Minze waschen, trocken schütteln, Blättchen abzupfen und ggf. kleiner zupfen. Die Palatschinken damit bestreuen und servieren.

DER MUTIGE TIPP

Wer möchte, verwendet anstelle von Vanillemark etwas abgeriebene Tonkabohne und 2–3 Msp. gemahlenen Kardamom. Anstelle von Himbeeren, können auch andere Beeren verwendet werden; der Topfen lässt sich (wenn nur Erwachsene am Tisch sitzen) zusätzlich mit 2 EL Orangenlikör aromatisieren. Ganz klassisch kommen eingelegte Rumrosinen in die Topfenmasse, das schmeckt natürlich ebenfalls!

RICOTTACREME MIT SCHWARZEN RIBISELN

Für 1–2 Personen | 20 Min. Zubereitung | 30 Min. Abkühlen

200 g schwarze Ribisel
1 Bio-Orange
75 ml trockener Rotwein
2 geh. EL Gelierzucker 2:1
1 Msp. Zimtpulver
200 g Ricotta
150 g Schmand
2 EL flüssiger Honig (z. B. Lavendel-, Blüten- oder Heidehonig)
ein paar Blättchen Zitronenmelisse, Minze oder Zitronenverbene (nach Belieben)

1. Die Ribiseln waschen und von den Rispen streifen. Orange heiß waschen, abtrocknen und die Schale fein abreiben – mit nur wenig Druck, damit wirklich nur die obere, orangefarbene Schicht abgerieben wird, die darunterliegende weiße ist bitter! Den Saft der Orange auspressen, 50 ml davon mit Rotwein mischen.

2. Die Orangensaft-Rotwein-Mischung mit den Ribiseln, Gelierzucker, Orangenschale und Zimt in einen Topf geben und unter Rühren zum Kochen bringen. Bei großer Hitze unter Rühren so lange kochen, bis die Beeren zerfallen und leicht eindicken, dann vom Herd nehmen und abkühlen lassen.

3. Inzwischen Ricotta, Schmand und Honig glatt verrühren. Die Hälfte davon auf zwei Gläser verteilen, darauf die Hälfte der Ribisel geben, darüber die übrige Ricottacreme verteilen und mit den restlichen Beeren abschließen. Die Kräuter nach Belieben waschen, kleine ganz lassen, große leicht zerzupfen und über das Dessert streuen.

DER MUTIGE TIPP

Wer möchte, rührt noch 2 Msp. gemahlenen Kardamom unter die Ricottacreme oder parfümiert sie leicht mit 1–2 TL Orangenblütenwasser. Man kann auch anstelle von Orangensaft nur Rotwein verwenden.

VANILLETOPFENCREME MIT BLITZ-ZWETSCHGENRÖSTER

Für 2 Personen | 25 Min. Zubereitung

400 g Zwetschgen
2 EL Rohrohrzucker
½ TL gemahlener Kardamom
3 Msp. Zimtpulver
½ Vanilleschote
2 EL flüssiger Honig (z. B. Akazienhonig)
250 g Topfen (20 %)
75 g Obers
etwas Sesamkrokant (nach Belieben, siehe Tipp)

1. Backofen auf 220° vorheizen. Zwetschgen waschen und längs vierteln oder sechsteln, dabei den Kern entfernen. Mit Zucker, Kardamom und Zimt in einer kleinen ofenfesten Form mischen und im heißen Ofen (Mitte) 15–20 Min. garen, dabei einmal umrühren.

2. Inzwischen Vanilleschote längs aufschlitzen und das Mark mit einem spitzen Messer herauskratzen. Mit Honig, Topfen und Obers in eine Schüssel geben und mit den Rührbesen des Handrührgeräts schön cremig rühren. Auf Schälchen verteilen.

3. Zwetschgenröster aus dem Ofen nehmen und lauwarm abkühlen lassen. Auf der Topfencreme verteilen. Sesamkrokant nach Wunsch zerbröseln und erst kurz vor dem Servieren darüberstreuen.

MEIN TIPP

Sesamkrokant ist einfach und schnell selbst gemacht. Er toppt nicht nur Desserts, sondern auch mal herzhafte Gerichte, Weichkäse wie Camembert oder Ziegenweichkäse oder herbe Blattsalate – und schmeckt natürlich auch einfach so als kleine Nascherei. Dazu ein Pergamentpapier auf ein Blech legen und dünn mit etwas Pflanzenöl ausstreichen. 100 g Honig und 1 EL Butter (nach Wunsch noch 3 Msp. Zimtpulver) in einem Topf unter Rühren schmelzen und so lange kochen lassen, bis die Masse schön cremig wird. Sesam dazugeben und unter Rühren so lange weitergaren, bis die Masse zu karamellisieren und leicht zu bräunen beginnt. Sofort vom Herd nehmen und weitere 3–4 Min. rühren, bis sie nach und nach schön rot-bräunlich wird. Die Masse auf das Pergamentpapier gießen und zügig mit einem Löffel ca. 3 mm hoch glatt ausstreichen. Vollständig abkühlen lassen, in Stücke brechen und in eine verschließbare Dose füllen.

ZIEGENKÄSECREME MIT CASSIS-FEIGEN

Für 2 Personen | 30 Min. Zubereitung

3 reife, saftige Feigen (blau oder grün)
1 kleiner Zweig Rosmarin
25 g Walnusskerne
1 EL Butter
3 EL Honig (z. B. Lavendelhonig)
4 EL Cassis-Likör (ersatzweise roter Portwein oder Johannisbeersaft)
1 TL Aceto balsamico (nach Belieben)
2 Spritzer Zitronensaft
½ Vanilleschote
200 g griechischer Joghurt (10 % Fett)
125 g Ziegenfrischkäse

1. Feigen waschen, putzen und längs sechsteln. Rosmarin waschen und trocken schütteln. Walnüsse grob hacken. Die Walnüsse in einer Pfanne ohne Fett goldbraun rösten, herausnehmen auf Küchenpapier abtropfen lassen, eventuell kleiner hacken.

2. Die Pfanne sauber wischen und die Butter darin erhitzen. Feigen und Rosmarinzweig dazugeben und ca. 1 Min. andünsten. Etwa die Hälfte vom Honig und den Cassis unterrühren und 1–2 Min. leicht einkochen lassen. Nach Belieben mit ½ –1 TL Aceto balsamico und 1–2 Spritzern Zitronensaft abschmecken. Mindestens lauwarm abkühlen lassen.

3. Währenddessen die Vanilleschote aufschlitzen und das Mark mit einem spitzen Messer herauskratzen. Mit Joghurt und Ziegenfrischkäse in eine Rührschüssel geben und gründlich und schön cremig mit den Quirlen des Handrührgeräts verrühren, dabei gegen Ende den übrigen Honig dazugeben. Die Creme auf zwei Schälchen verteilen. Lauwarme oder abgekühlte Feigen mit etwas Sud darauf verteilen und alles mit den Walnüssen bestreuen.

CANTUCCINI SELBST GEMACHT

2 Eier (Größe M) mit den Rührbesen des Handrührgeräts dickcremig weißlich rühren, dabei nach und nach 150 g Zucker einrieseln lassen. 250 g Mehl (Type 550) mit 200 g Mandeln unterkneten. Den Teig dritteln und jedes Drittel zu einer ca. 25 cm langen Rolle formen. Die 3 Rollen mit etwas Abstand auf ein Blech legen und bei 180° im Ofen (Mitte) 18–20 Min. backen. Herausnehmen, kurz abkühlen lassen, währenddessen die Ofentemperatur auf 160° verringern. Die Gebäckstangen in jeweils ca. 1 cm breite Stücke schneiden und mit der Schnittfläche nach oben wieder auf das Blech legen. Dann nochmals 10–12 Min. backen, dabei einmal wenden. In einer luftdicht verschließbaren Dose verpackt halten sich die Cantuccini mehrere Wochen und schmecken in Desserts oder einfach so.

BLITZ-MARILLENTRIFLE

Für 2 Personen | 25 Min. Zubereitung

300 g reife Marillen
200 ml frisch gepresster Orangensaft
2 EL Honig
100 g Joghurt (3,5 % Fett)
25 g Staubzucker
100 g Obers
½ Bio-Limette
200 g Mascarpone
100 g Cantuccini (ital. Mandelkekse)
2 EL Amaretto (Mandellikör, nach Belieben)
1 Zweig Minze
2 EL gehackte Pistazien (ersatzweise gehackte Mandeln)

1. Marillen waschen und vierteln, dabei den Kern entfernen. Orangensaft und Honig in einem Topf unter Rühren aufkochen lassen. Die Hitze reduzieren, Marillen dazugeben und bei mittlerer Hitze in 5–7 Min. weich garen – das geht je nach Reifegrad und Marillensorte mal mehr oder weniger schnell. Vom Herd nehmen und abkühlen lassen.

2. Währenddessen Joghurt mit Staubzucker glatt verrühren. Obers mit den Rührbesen des Handrührgeräts steif schlagen. Limette heiß waschen, abtrocknen, die Schale fein abreiben und den Saft auspressen. Beides mit Mascarpone verrühren, dann Joghurt unterrühren und Schlagobers unterheben.

3. Cantuccini mit einem Nudelholz grob zerbröckeln und in zwei (Dessert-)Gläser füllen. Nach Belieben mit Amaretto beträufeln. Darauf die Mascarponecreme schichten und darauf die Marillen verteilen. Minze waschen, trocken schütteln, Blättchen abzupfen und mit den Pistazien über das Trifle streuen.

MEIN APFELMUS

1 kg aromatische Äpfel
(z. B. Boskop oder Cox orange)
2 EL frisch gepresster Zitronensaft
180 ml naturtrüber Apfelsaft
(ersatzweise Wasser oder halb
Weißwein, halb Wasser)
10 g Ingwer
1 Briefchen Safran (0,1 g)
1 gestr. TL Kardamomsamen
1 Sternanis (nach Belieben)
2 EL flüssiger (Akazien-)Honig

Für 2–4 Personen
15 Min. Zubereitung
30 Min. Garen

1. Die Äpfel mit einem Sparschäler oder Messer dünn schälen, vierteln, das Kerngehäuse entfernen, dann die Viertel nochmals halbieren und in kleine Stücke schneiden. Mit Zitronensaft und 150 ml Apfelsaft in einem Topf mischen. Ingwer schälen und quer in Scheiben schneiden, Safran fein zwischen den Fingern zerbröseln und beides mit Kardamom und nach Wunsch Sternanis unter die Äpfel mischen.

2. Alles bei kleiner Hitze zugedeckt 25–30 Min. ganz leicht köcheln lassen, bis die Äpfel weich sind und zerfallen. Dabei zwischendurch durchrühren und je nach Bedarf übrigen Apfelsaft oder noch etwas Wasser unterrühren: je nach Saftigkeit der Äpfel und gewünschter Konsistenz braucht es mal etwas mehr oder weniger. Gegen Ende nach Wunsch mit 1–2 EL Honig süßen.

Einfach köstlich – findet auch eine Freundin, der ich das Rezept für mein Apfelmus verraten musste. Genau richtig für sie, die wenig Zeit, dafür aber häufig Lust auf etwas Süßes und trotzdem Gesundes hat. Es macht sich fast nebenbei und gelingt selbst Köchinnen mit zwei linken Händen. Wer es schafft, lässt es auskühlen und genießt es am nächsten Morgen mal mit Joghurt oder auf einem Porridge. Aber Vorsicht, wer bereits lauwarm zu löffeln anfängt, kann meist kaum mehr aufhören ...

MEIN TIPP

Das Mus lässt sich zu zweit gut einfach so als üppiges Dessert oder kleine Mahlzeit weglöffeln. Mit Topfen, Joghurt oder Schlagobers gemischt wird daraus ruckzuck ein Nachtisch für vier. Besonders lecker, wenn noch ein paar gehackte (karamellisierte) Nüsse, ein paar zerbröckelte Amaretti oder Cantuccini dazukommen oder auch mal ein paar frische Him- oder Brombeeren.

DER MUTIGE TIPP

Im Prinzip ist das Mus eh schon ganz schön mutig: Safran sorgt nicht nur für eine schöne gelbe Färbung, sondern auch für einen ganz eigenen Akzent. Ingwer gibt in Scheiben geschnitten Aroma, aber nur dezent Schärfe ab, anders als fein gehackter, bei dem sich die Schärfe weniger steuern lässt. Wer allerding den besonderen Ingwer-»Zing« schätzt: einfach nach dem Garen 1–3 Scheiben Ingwer mit einem Löffel Mus fein pürieren und dann wieder unter das restliche Mus mischen. Ansonsten einfach mit Gewürzen experimentieren: eher klassisch mit einem Stück (Bio-)Zitronenschale oder edel und fein mit geriebener Tonkabohne.

FÜR DEN VORRAT

Es lohnt sich übrigens, gleich eine größere Menge Mus zu kochen. Was nicht sofort verbraucht wird, lässt sich einfrieren oder in sauber gespülten, sterilisierten Twist-off-Gläsern einmachen. Gläser und Deckel getrennt 15 Min. in den 130° warmen Ofen stellen. Die heißen Gläser – unbedingt mit Topflappen, da superheiß – herausnehmen, sofort befüllen, verschließen, umgekehrt hinstellen und etwas abkühlen lassen. Die Gläser anschließend in ein tiefes Blech (Fettpfanne) stellen und so viel Wasser dazugeben, dass sie gut 3 cm darinstehen. In den 180° heißen Ofen schieben (unten). Sobald das Wasser zu köcheln beginnt – sichtbar an den aufsteigenden kleinen Bläschen –, die Küchenuhr stellen: nach 30 Min. den Ofen ausstellen und die Gläser darin abkühlen lassen.

MALABI
ORIENTALISCHER ROSENWASSERPUDDING

Für 2 Personen | 15 Min. Zubereitung | 2 Std. Kühlen

Für den Pudding:
350 ml Milch
100 g Obers
35 g Zucker
35 g Maisstärke
2 EL Rosenwasser
Zum Garnieren:
2 EL ungesalzene Pistazienkerne
2 EL Kokosflocken
4 EL Granatapfelkerne
1 TL essbare getrocknete Rosenblüten (nach Belieben)

1. Milch und Obers in einem Topf gut verrühren. Zucker und Stärke in ein Schälchen geben und etwa 100 ml der kalten Milch-Obers-Mischung dazugeben. Die übrige Milch-Obers-Mischung im Topf zum Kochen bringen. Währenddessen die Stärkemischung gründlich mit einem Schneebesen verrühren, bis sich der Zucker und alle Stärkeklümpchen gelöst haben und sich alles gut verbunden hat.

2. Sobald die Milch-Obers-Mischung kocht, vom Herd nehmen und die Stärkemischung zügig unter ständigem Rühren mit dem Schneebesen einfließen lassen. Zurück auf die warme Herdplatte stellen und bei kleiner bis mittlerer Hitze unter Rühren 2–4 Min. köcheln lassen, bis der Pudding andickt, dabei zuletzt 1–2 EL Rosenwasser unterrühren. Vom Herd nehmen und in zwei Gläser oder Schälchen füllen. Zugedeckt abkühlen lassen, dann möglichst noch 1–2 Std. im Kühlschrank durchkühlen und fest werden lassen.

3. Zum Garnieren Pistazien mit einem großen Messer nicht zu fein hacken. Mit Kokosflocken, Granatapfelkernen und nach Wunsch (eventuell etwas kleiner gezupften) getrockneten Rosenblättern auf den fertigen Pudding streuen und servieren.

MEIN TIPP

Granatapfelkerne auslösen kann in eine ziemliche Schweinerei ausarten, bei der die ganze Küche mit Saft vollgespritzt wird. Sauber und problemlos geht es, wenn man den Granatapfel nur ringsum anschneidet und in einer mit Wasser gefüllten großen Schüssel auseinanderbricht und die Kerne dann ebenfalls unter Wasser auslöst; sie sinken dann auf den Schüsselboden, wohingegen die leichten Häutchen nach oben aufsteigen.

DER MUTIGE TIPP Wer möchte, gibt noch 2–3 Msp. gemahlenen Kardamom mit in die kochende Milch. Anstelle von Rosenwasser lohnt es sich, auch einmal Orangenblütenwasser zu verwenden. Je nach Wunsch lässt sich der Pudding auch mit unterschiedlichsten klein geschnittenen Früchten, Beeren oder gehackten Nüssen (auch Wal- oder Erdnüsse) aufpeppen. Mein besonderer Tipp: ein einfacher Spiegel aus Traubensirup, der leicht süß-säuerlich einen schönen Kontrast zum blumigen Puddingaroma liefert – oder in Scheiben geschnittene Schwarze (Wal-)Nüsse.

HUNGERWÜRGER

	Für ca. 24 Stück	20 Min. Zubereitung	20 Min. Backen	15 Min. Kühlen

150 g frisches Kokosnussfleisch
1 Bio-Limette
2 EL weißer Rum (nach Belieben)
75 g weiche Butter
180 g Vollrohrzucker
2 Eier (Größe M)
250 g Mehl
1 gestr. TL Backpulver
1 TL Zimtpulver

1. Den Backofen auf 180° vorheizen, ein Backblech mit Backpapier auslegen. Das Kokosnussfleisch in grobe Stücke schneiden und diese in der Küchenmaschine oder dem Blitzhacker eher grob und nicht zu fein zerkleinern oder raspeln. Limette heiß waschen, abtrocknen und die Schale fein abreiben. Ein Stück Limette abschneiden und 1 EL Saft auspressen, restliche Limette anderweitig verwenden. Limettenschale, -saft und nach Belieben Rum unter die Kokosraspel mischen.

2. Die Butter in Stückchen schneiden und mit den Rührbesen des Handrührgeräts cremig rühren, dabei nach und nach den Zucker dazugeben, bis eine gleichmäßig feuchte Masse entstanden ist. Dann die Eier einzeln nacheinander dazugeben und verrühren, bis sich alles zu einer cremigen Masse verbindet. Mehl, Backpulver und Zimt mischen. Erst die Kokosraspel mit einem Teigspatel unter die Eiermasse mischen, dann die Mehlmischung gründlich unterrühren, bis ein leicht zäher, fester Teig entstanden ist.

3. Mit einem Teelöffel jeweils eine etwas mehr als walnussgroße Menge vom Teig abstechen und möglichst als halbwegs rundes Häufchen mit reichlich Abstand zu den anderen auf das Blech geben. Falls möglich, das Blech mit den Teighäufchen nochmals 15 Min. kalt stellen. Dann im heißen Ofen (Mitte) ca. 20 Min. backen, bis die Kekse schön gebräunt sind. Aus dem Ofen nehmen, kurz abkühlen lassen. Mitsamt dem Backpapier auf ein Kuchengitter ziehen. 10 Min. auskühlen lassen, dann vom Backpapier lösen und vollständig auskühlen lassen.

DER MUTIGE TIPP

Außer Limettenschale, die Frische bringt, schätze ich auch geriebenen Ingwer (20–25 g), der noch eine besondere, frische, ingwerscharfe Note beisteuert. Neben Zimt passt auch 1 Prise gemahlene Muskatblüte (Macis).

MEIN TIPP

Die Kekse kenne ich in ähnlicher Form aus der Dominikanischen Republik, wo sie etwas weniger charmant als »Anugaperros« – »Hundewürger« bekannt sind. Ich finde allerdings den Namen »Hungerwürger« wesentlich treffender, da sie nicht nur wunderbar zu einer Tasse Tee oder Kaffee passen, sondern kokossatt und saftig auch als kleine Notration bei plötzlich auftretendem Heißhunger wirken.

RHABARBER-GALETTE

Für 1 Springform (28 cm Ø, 8 Stück) | 40 Min. Zubereitung | 30 Min. Backen

220 g Mehl
(Type 405 oder 550)
+ Mehl zum Arbeiten
150 g gemahlene (geröstete)
Haselnusskerne
Salz
70 g Zucker
150 g kalte Butter
1 Ei (Größe L)
500 g (roter) Rhabarber
300 g Erdbeeren
1 Bio-Zitrone
2 EL Semmelbrösel
(ersatzweise gemahlene
Haselnuss- oder Walnuss-
kerne)
80 g Gelierzucker (3:1 oder
2:1)
1 Eidotter + 1 EL Milch
2 EL brauner (Rohrohr-)
Zucker

1. Mehl, 120 g Haselnüsse, 1 Prise Salz in einer Rührschüssel mischen. Zucker daraufstreuen und die kalte Butter in kleinen Stücken daraufgeben. Die Butterstücke mit einem Messer unter die übrigen Zutaten hacken, bis sie richtig schön klein sind. Dann das Ei dazugeben und ebenfalls zügig unterhacken. Die Mehlmischung mit den Händen gegeneinander zerreiben, bis sich alles zu feinen Bröseln verbindet, dann mit wenig Druck zu einem Teig zusammenkneten. Zur Kugel rollen, in eine verschließbare Gefrierbox geben und verschlossen im Kühlschrank 30 Min. kühlen lassen.

2. Inzwischen den Rhabarber putzen und schälen, dann in 0,5–1 cm große Stücke schneiden, sehr dicke Stangen eventuell einmal vorher längs halbieren. Erdbeeren waschen, trocken tupfen, die Kelchblätter entfernen und die Beeren klein schneiden. Zitrone waschen, abtrocknen, die Schale fein abreiben und den Saft auspressen. Übrige Haselnüsse mit den Semmelbröseln mischen.

3. Den Backofen auf 190° vorheizen. Teig aus der Gefrierbox nehmen und auf einer leicht bemehlten Arbeitsfläche zu einem Kreis von ca. 40 cm dünn ausrollen – er muss nicht perfekt rund sein und die Ränder dürfen ruhig etwas brüchig aussehen. Den Teig auf den mit einem Backpapier ausgelegten Boden einer Springform legen. In der Mitte einen Kreis von ca. 28 cm mit der Nuss-Semmelbrösel-Mischung bestreuen. Rhabarber, Erdbeeren, Zitronensaft und -schale mit dem Gelierzucker mischen und auf der Bröselmischung verteilen.

4. Die Teigränder von außen nach innen über die Rhabarbermischung klappen. Den Eidotter mit Milch leicht verquirlen und den Teig damit bestreichen, mit (Rohrohr-)Zucker bestreuen. Den Rand der Springform um den Boden legen. Im Ofen (Mitte) 25–30 Min. goldbraun und knusprig backen. Herausnehmen und auf einem Kuchengitter abkühlen lassen. Die Galette schmeckt abgekühlt mit etwas Schlagobers oder noch leicht lauwarm mit einer Kugel Vanilleeis.

REGISTER

A/B

C

D/E

F

G/H

S/T

V/W/Z

KÜCHENDOLMETSCHER

Österreichisch - Deutsch
Eidotter - Eigelb
Eierschwammerl - Pfifferling
Eiklar - Eiweiß
Erdäpfel - Kartoffel
Germ - Hefe
Holler - Holunder
Karfiol - Blumenkohl
Karotte - Möhre
Knödel - Kloß
Kren - Meerrettich
Laiberl - Pflanzerl, Bratling
Marille - Aprikose
Nockerl - Klößchen
Obers - Sahne
Paradeiser - Tomate
Ribisel - Schwarze Johannisbeere
Sauerrahm - saure Sahne
Semmel - Brötchen
Staubzucker - Puderzucker
Suppe - Brühe
Topfen - Quark
Vogerlsalat - Feldsalat

DANKE

Zu guter Letzt möchte ich meinen Dank aussprechen. An all diejenigen, die mir geholfen haben, dieses Buch zu verwirklichen und die viel ihrer Zeit, ihrer Ideen, ihrer Kreativität und auch ihrer Geduld (ein besonderer Dank an **Simone Kohl** – nicht nur dafür!) in mich und dieses – wie ich finde – sehr gelungene Kochbuch gesteckt haben.

Ich danke besonders:
Uli Ehrlenspiel für sein erneutes Vertrauen und Interesse an meiner Kochkunst

Tanja Dusy – für ihre kreative und tatkräftige Mitarbeit bei der Rezeptentwicklung

Wolfgang Schardt – dem scharfen Auge für gute Fotos

Adam Koor – der genau weiß, wie ich ein Rezept kochen würde und dann sieht es auch noch so appetitlich aus

Ann-Kathrin Weber – für ihr gelungenes stimmiges Foodstyling

Viola Gras – die mir den Rücken freihält

Margarethe Brunner – meiner Lektorin

Artur Wiener – mein absoluter Lieblingsillustrator

Ein großes Dankeschön geht an all die ungenannten Helferinnen und Helfern, Fahrer, Drucker, Praktikanten und guten Geister, die mit ihrer Arbeit und positiven Energie dieses Buch erst möglich gemacht haben.

IMPRESSUM

GRÄFE UND UNZER

Gräfe und Unzer ist eine eingetragene Marke der
GRÄFE UND UNZER VERLAG GmbH, www.gu.de

ISBN 978-3-8338-8837-3
1. Auflage 2023

Projektleitung: Simone Kohl
Lektorat: Margarethe Brunner
Bildredaktion: Margarethe Brunner
Umschlaggestaltung und Layout: Ki36 Editorial Design, München, Bettina Stickel

Herstellung: Markus Plötz
Satz: griesbeckdesign, Dorothee Griesbeck, München
Repro: Ludwig Media, Zell am See
Druck: Firmengruppe APPL, Wemding
Bindung: conzella, Pfarrkirchen

Umwelthinweis:
Nachhaltigkeit ist uns sehr wichtig. Der Rohstoff Papier ist in der Buchproduktion hierfür von entscheidender Bedeutung. Daher ist dieses Buch auf PEFC-zertifiziertem Papier gedruckt. PEFC garantiert, dass ökologische, soziale und ökonomische Aspekte in der Verarbeitungskette unabhängig überwacht werden und lückenlos nachvollziehbar sind.

Bildnachweis:
Cover: Christian Kaufmann (Vorderseite);
Wolfgang Schardt (Rückseite)
People und Kapitelaufmacher: Christian Kaufmann
Rezepte: Wolfgang Schardt
Styling Credits: Pott - Die Besteck-Manufaktur
Illustrationen: Artur Wiener

GRÄFE UND UNZER

Ein Unternehmen der
GANSKE VERLAGSGRUPPE